日本の民主主義は
なぜ世界一長く続いているのか

竹田恒泰
Takeda Tsuneyasu

PHP新書

序文　民主主義を正しく機能させるために

「日本の民主主義がおかしい」

これは多くの人が感じていることだと思う。近年「国会空転」という言葉がよく使われるが、意味のない議論に終始する「空転」どころか、野党が揃って国会を長期間ボイコットする事件もあった。国際社会が大きく変動するなか、日本の国会は課せられた責務を誠実に全うしていない。一日当たりの国会の運営費は約三億円。政党助成金も含めると一日四億円が費やされる。国事多難にもかかわらず、国費だけを徒《いたずら》に浪費する今の国会の姿に眉を顰《ひそ》める人が多いのは当然である。

そして、世界に目を向ければ、米国のトランプ大統領の誕生や、英国が国民投票を経てEUからの離脱（ブレグジット）を決定したことなど、民主主義の危うさが露呈した事例も多く見受けられる。これはトランプ大統領の政策の良し悪しや、ブレグジットの良し悪しの問題ではない。

国論を二分した結果、投票において僅差でいずれかが勝利すると、二つに分断された民衆は、お互い憎しみ合い、それがいつまでも続くことが問題なのである。

そして民主主義を実施するうえで最も悩ましいことは、多数派が常に正しいとは限らないことではなかろうか。多数派の意見が常に正しいのなら、選挙と国民投票により常に正しい結論が得られる。しかし実際は、かつての民主党政権が「黒歴史」と呼ばれるように、多数派が正しい保証はどこにもないのである。

では民主主義は駄目かといえば、そうでもない。日本にとって、一党独裁や専制君主が馴染まない以上、民主主義しかない。であれば、私たちは「どうしたら民主主義がうまく機能するか」を考えなければいけないのではないか。

幸い長い日本の歴史において、専制を良しとする価値観はない。むしろ、大人数で話し合いをして最良の結果を得ることを美徳としてきた。日本が二千年以上国民に守られて存続してきた一つの理由は、そこにあるのではなかろうか。

『古事記』では、何か問題が起きるたびに八百万《やおよろず》の神が相談して物事を決めていたし、聖徳太子の「十七条憲法」には役人の心得として「夫れ事《こと》独り断《さだ》むべからず。必ず衆《もろもろ》とともに論《あげつら》ふべし」と明記されているほか、明治天皇が発せられた「五箇条の御誓文」の冒頭にも「広ク会議ヲ興《おこ》シ万機公論ニ決スベシ」と書かれている。このように、独裁がいかに慎むべきものであるかは、歴史上、繰り返し戒められてきた。

民主主義は終戦後に占領軍によって持ち込まれたのではない。たしかに、戦後民主主義は発展した。だが、かつては不十分ながらも民主主義は確実に存在し、国会や選挙などがなくとも、国民本位の政治を行なうことが是とされてきた。明治維新の文明開化と先の大戦の終結の二回の機会に、従来日本にあった日本型民主主義と、アメリカ独立宣言やフランス人権宣言に端を発する西洋型民主主義が「出会った」と見るのが正当ではないかと思う。

日本人は排他的な価値観を持たない。古代には大陸や半島から、また幕末以降は西洋から積極的に文化を取り入れてきた。外国のものでも良いものは取り入れ、それをさらに改良し発展させていくのが日本の強みでもある。

西洋型民主主義にも学び取るべきことは多々あるが、とても闘争的で、故に多くの問題を抱えているのもまた事実である。また独裁を嫌い話し合いを是とする日本の民主主義も、西洋から憲法・議会・選挙などを導入することでさらに発展したのもまた事実である。

近年の日本の民主主義がおかしくなっているのは、極めて闘争的な西洋型民主主義の悪い側面が全面に現れた結果ではないだろうか。西洋型民主主義の負の側面と、日本型民主主義の優れた側面の両方を知ることで、私たちは民主主義を正しく機能させていくことができるようになるはずである。

それにより、はじめて日本型民主主義と西洋型民主主義が「出会った」価値があるといえよう。近年の国会は目も当てられない状態だが、私たち日本人は、世界最先端の高度な民主主義を実現できる可能性を秘めているのではないか。

これは最早憲法の条文の問題ではない。民主主義が正しく機能するかどうかは、有権者一人ひとりの意識の問題にほかならない。本書では、日本と西洋における民主主義の発展の歴史を眺めつつ、現代の日本が民主主義を正しく機能させるために必要な点をあぶり出していきたい。

本書は、私が皇學館大学現代社会学部で受け持っている『日本人権論』の講義を文字に起こして手を加えたものである。この講義は大学二年生に向けたものであり、民主主義の本質に迫る内容ながらも、口語で分かり易い説明を心がけたため、多くの人に理解して頂ける本に仕上がったと思う。日本の未来を考えるうえで参考にして頂けたら幸いである。

この講義は、同学部長の新田均教授がなさっていた授業を、平成二十七年（二〇一五）に私が引き継いだものである。新田教授がこの授業の教科書として使っていらっしゃったのが長谷川三千子先生のご著書『民主主義とは何なのか』（文春新書）だったため、私もこの本を毎年教科書として用いてきた。そのため、本書も長谷川先生のご著書を用いる部分があり、多く引用させて頂くことを予めお断りしておきたい。大変素晴らしいご著書なので併せてお読み頂くことをお勧めする。私は何十回も熟読し、多くを学ばせて頂いた。この場を借りて長谷川先生に感謝と御礼を申し上げたい。

平成三十一年三月

竹田恒泰

日本の民主主義はなぜ世界一長く続いているのか◉目次

第一章

日本は世界最古の民主国

◉――民主主義という「道具」は凶器にもなる

最初に次のような問いを立ててみましょう。

「包丁は正しいか」

この設問には、答えがないことがすぐに分かるでしょう。包丁そのものには、正しいも、正しくないもありません。用途としてはおいしい料理を作ることも、人殺しにも使える。つまり包丁という「道具」の善し悪しは、使い方によって決まるのです。

「民主主義は正しい」

これは世間の常識ですが、はたして一概にそういえるのでしょうか。じつは民主主義という「道具」もまた使い方を誤ると、とんでもない凶器になることがあるのです。

実際、民主主義により、国民が不幸のどん底に落ちた例があります。ナチス・ドイツです。ヒトラーは民主主義から生まれてきたことを忘れてはなりません。国民投票によってヒトラー政権を成立させたのは、ほかならぬドイツ国民でした。民主主義を行使した結果、幾多《いくた》のユダヤ人が虐殺され、ポーランドなど周辺国の国民は塗炭《とたん》の苦しみを味わいました。

また、皆さんは北朝鮮の正式国名をご存じでしょうか。「朝鮮民主主義人民共和国」です。もちろんご承知のように北朝鮮は独裁国家であり、民主主義から程遠い国です。しかし、国名には「民主主義」という言葉が使われています。

一方、韓国（大韓民国）はどうでしょう。大統領を選挙で選ぶので差し当たって民主主義国だとはいえます。ところが、選挙で選んだ朴槿恵《ぼくきんけい》大統領を民衆が引きずり降ろして投獄してしまいました。次の文在寅《ぶんざいえん》大統領は独裁国家北朝鮮との宥和《ゆうわ》にひた走っています。

このように、民主主義を導入しても必ずしも国が安定し、国民が幸せになるとは限らないのです。にもかかわらず現在、民主主義というものに少しでも疑問を差し挟もうものなら、非難を浴びかねない空気があります。

しかし「民主主義＝絶対に正しい」と思い込むよりも、注意深く「民主主義は一歩間違えば恐ろしい結果を招く」という認識に立つほうが、よほど健全といえるのではないでしょうか。

これまで万人が正しいと信じて疑わなかった民主主義に対して、あえて疑いの目を向けていく。この姿勢こそ、国民を幸せにするために求められるものです。

民主主義の正しさと同様に、「独裁」もまた、正しいか正しくないか、簡単には断定できない問題です。

たとえばシンガポールの初代首相のリー・クワンユーは、長きにわたり「開発独裁」と呼ばれる政権運営を貫きました。一九六五年にマレーシア連邦から独立したシンガポールが、アジアの金融センターとして繁栄を遂げたのは、リー首相のある意味で独裁的な手法によるものです。もし仮に建国当時のシンガポールが「議会で多数派の合意を得てから数々の政策を実行する」という民主主義的な手法を取っていたら、あれほど急速な経済発展はなかったでしょう。

◉──日本は国民主権か

デモクラシーは一般に「民主主義」と訳されますが、「民主制」（または「民主政」）

と訳す場合もあります。両者は何が違うのでしょうか。

民主主義の「主義」という言葉は主義・主張、つまりイデオロギーを意味します。たとえば、菜食主義者は「肉は口にしない」という主義を持っている。他人からどう思われようと、自分が「正しい」と思うことを「主義」といいます。ある種のイデオロギーである、ともいえるでしょう。同様に、民主主義という言葉のなかには「正しさ」という価値判断がすでに含まれています。

それに対して、先ほど挙げた民主制の「制」という言葉は「制度」という意味にすぎません。日本は紛れもなく民主制ですが、この民主制という言葉はそれ自体に民主主義のような「正しさ」という価値判断を含みません。

このように民主主義のように使い慣れている言葉でも、厳密に意味を掘り下げていくと、われわれが歴史的背景や含意《がんい》を知らずに使っていることに気付きます。

「国民主権」という言葉も同じです。皆さんはいままで「日本は終戦により天皇主権から国民主権に変わった」と教わってきたと思います。しかし、それは本当でしょうか。われわれは一度、常識を疑ってみる必要があります。

そもそも「主権」とはどういう意味なのでしょうか。「主権」は法学の用語としては明確に定義されており、議論の余地はほとんどありません。「国の政治の在り方を最終的に決める力」という意味です。政治を最終的に決めるのですから、きわめて強い力です。ご承知のように国民が主権を持っていれば国民主権、君主が持っていれば君主主権となります。

たとえば革命前のフランスでは、国の方向を決めるような強力な権限はすべて君主(国王)が握っていました。当時のフランスは君主主権の国といえます。同様に、歴代の中国王朝では主権は皇帝にあり、やはり君主主権でした。辛亥《しんがい》革命で清国が倒されるまで、中国の主権を握っていたのは「ラストエンペラー」で知られる溥儀《ふぎ》皇帝でした。

では、日本において終戦後、主権という強大な国家権力が天皇から国民に移ったといわれますが一体どのような権力が移ったのでしょうか。これを明確に説明した憲法学者はこれまで一人もいません。

一般に、日本国憲法における天皇はただの象徴であって、何ら政治的権能を有しない、と思われています。しかし、これは事実ではありません。もし日本が完全な国民主権の国であったなら、国民の力だけで何でもできなければおかしいのです。

ところが、実際は法律一本、国民の力だけでは完成させることができません。国民ができるのは、法律の内容を確定するところまでです。すなわち、国民が選んだ国会議員から成る国会（立法府である衆議院と参議院）に可能なのは、法案を可決するところまでで、そこから先は天皇の領域になります。

日本国憲法七条一項には、天皇の「国事行為」として「憲法改正、法律、政令及び条約を公布すること」とあります。

公布とは、成立した法律を誰にでも閲覧できる状態で公に示す、という意味です。法律は公布されないかぎり、守りようがありません。具体的にいえば、官報に掲載された時点で、法律は効力を持つことになります。日本国憲法は法律を公布する機関として「天皇」を指定しているのです。内閣総理大臣や衆議院議長には法律の公布はできません。天皇がなければ、法律を公布できる機関はなくなってしまうのです。

また日本国憲法は、内閣総理大臣は国会の議決（首班指名）で指名されると定めています（第六七条一項）。国会議員を決めるのは国民ですから、内閣総理大臣を選ぶのは、たしかに国民ということになります。しかし、国会の指名に基づいて、内閣総理大臣を任命するのは天皇なのです（日本国憲法第六条）。皇居宮殿で天皇陛下に任命されなければ、内閣総理大臣は成立しません。

◉──「君民一体」の主権者の姿

ここまでの議論を整理します。法律を作るのは国民ですが、それを公布するのは天皇です。内閣総理大臣を決めるのは国民ですが、それを任命するのは天皇です。すなわち日本では、天皇と国民が一体となった時に主権が行使されるのです。したがって、現在の日本を単に「天皇主権の国」、あるいは「国民主権の国」と表現しても、必ずしもその本質を正しく示したことにはなりません。

では、日本の主権者は誰なのか。結論を先にいえば、天皇と国民が一体となった「君民一体」の姿こそ、我が国の主権の在り方なのです。

この主権者をめぐる「君民一体」の在り方は、じつは戦前もまったく同じでした。

戦後の教育を受けた人は「戦前の天皇は、軍も政府も自由に動かせる絶対的な権限を有していた」と思い込んでいますが、それは決して事実ではありません。行政権一つとっても、帝国憲法下の天皇は、大臣の輔弼《ほひつ》なしに自らの意志を国策に反映させる余地は微塵《みじん》もありませんでした。

事実、明治維新から現在に至る約百五十年間で、天皇が国策を直接決定したのは、わずかに一回です。それは昭和天皇が昭和二十年八月、御前会議でポツダム宣言の受諾を決定なさったときだけです。戦前の天皇は、現代人が思っているより遥かに非政治的だったのです。

◉――国民の幸せを、命を懸けて祈る

日本の主権者をめぐる議論において、なぜこのような混乱が生じているのでしょうか。私は、ヨーロッパから入ってきた主権という概念を、そうした概念がなかった日本にそのまま当てはめたこと自体に無理があった、と考えています。

西洋的な法概念でいえば、君と民は根本的に対立するものです。だからこそ、主権

が君の側にあるのか、民の側にあるのかが問われる。たとえば、フランスのルイ王朝にとって「国民は王の私物」でした。他のヨーロッパの王朝でも、君と民の利害は相反しました。王様が税金を取りすぎれば、不満を感じた国民が暴動や反乱を起こし、王朝が交代しました。

中国の歴代王朝でも同様です。中国では「人民は皇帝の私物」と考えます。皇帝による悪政が何年も続くと、飢饉のような出来事をきっかけに王朝が交替する、ということを歴史上、何度も繰り返してきたのです。

ところが、日本では天皇と国民が対立関係に入ったことは歴史上、一度としてありません。前述のように、日本の主権者の姿は「君民一体」です。我が国には昔から、君（天皇）が民（国民）を思い、民は君のことを慕《した》いながら、一体となって国を育んできた歴史があります。天皇と国民が一体となり、共に国を統《す》べる「君民共治」こそ、日本の伝統的な統治形式なのです。

それが証拠に二千年以上のあいだ、歴代の天皇が朝夕一日も休まずに続けたのは「国民の幸せを祈ること」。しかも「国民全体の幸せ」を祈るのではありません。「国民一人ひとりの幸せ」を祈るのです。そして国民もそのような天皇を何よりも大切にし、皇室を守ることを自らの幸福としてきました。

このように、我が国においては天皇と国民が対立関係になったことがありません。ゆえに主権なるものが君の側にあるのか、民の側にあるのかが問われることはなかったのです。

こうした日本特有の統治形式について、君と民が水と油のごとく対立する西洋的な法概念で説明することは不可能です。今日の日本の天皇や主権者をめぐる議論の混乱の元凶は、そうした不可能な事を続けてきたことにあるといってよいでしょう。われわれ日本人は主権をめぐる不毛な〝言葉遊び〟に惑わされることなく、天皇と国民の歴史的な関係性を見直したうえで、主権という概念を捉え直すべき時期に来ていると思います。

◉——明治、大正期から民主主義

ここで、一つの迷信を紹介しましょう。

終戦後日本にやってきたGHQが、日本に初めて民主主義を導入してくれた——。右の話が嘘だということは、少し考えれば分かります。国会議事堂の着工は大正九年（一九二〇）。さらに帝国議会の開設は明治二十三年（一八九〇）に遡《さかのぼ》ります。つまり明治期から、日本は国民が選挙した議員が議会で議論して法律を作ってきました。現在と比べると制限があったとはいえ、戦前の日本には全く民主主義がなかったわけではありません。

明治天皇が、大事なことは議会で議論して決すべし、という基本方針をお示しになったのは、慶応四年（一八六八）三月「五箇条の御誓文」においてでした（「広ク会議ヲ興シ　万機公論ニ決スベシ」）。昭和天皇も「民主主義を採用したのは明治大帝の思し召しである」と語っていらっしゃいます。

聖徳太子の「十七条憲法」の時代から、日本は大事なことは皆で議論して決める、という衆議の精神を重んじてきました。『古事記』を読むと、こうした衆議の精神は神代の時代から重んじられていたことが分かります。天照大神が自分で判断して神勅を下した例は、『古事記』には一つも書かれていません。何か事が起きれば、天の安《やす》の河《かわ》の河原に八百万《やおよろず》の神が集まって、議論を繰り返した末に結論に達し、天照大神が詔《みことのり》を発せられるのです。いかに優れた指導者でも一人で物事を決めていたら、過ちを犯す。より多くの人が議論することで、より正しい結論を導く――。古来日本人は衆議の精神を政治の基本としてきたのです。

◉――天皇が民のために建てた国

では、衆議による日本の民主主義の原点はどこにあるのでしょうか。正史『日本書紀』によれば、紀元前六六〇年、初代神武《じんむ》天皇が橿原宮《かしはらのみや》（奈良県橿原市）で即位なさった際の詔にある「八紘為宇《はっこういう》」に求められます。八紘とは「あめのしたこと」つまり天下の意味で、宇とは家のことです。天下をまとめて家をなそうという意味で、戦前は「八紘一宇」とも表現されました。

八紘為宇を世界征服を目指す軍国主義のスローガンと捉える人がいますが、完全な誤りです。そもそも神武天皇のいう「天下」が「日本列島」を意味することは、『古事記』『日本書紀』を読めば分かります。つまり、八紘為宇とは「日本列島は日本人の家である」という意味なのです。

弥生時代晩期の日本は、戦乱に明け暮れていました。日本人同士が殺し合いをしているることを憂えた神武天皇が「日本は一つの家であり、日本人はもともと家族みたいなものだから、殺し合いはやめて話し合おう」と呼び掛けたのが「八紘為宇」でした。

さらに重要なのは、神武天皇が「民のために」国を建てた、と宣言なさったことです。天皇の思いが伝わる例として私がよく挙げるのは、仁徳《にんとく》天皇七年（三一九）、百姓の家が困窮して飯を炊く煙すら上っていないのをご覧になってご心配になった仁徳天皇が、皇后におっしゃった次の言葉です。

「それ天《あめ》の君《きみ》として立つには、百姓《おほみたから》のため」

天が君主を立てたのは民のためであり、民が飢えればそれは天皇の責任である、という意味です。ヨーロッパや中国と異なり、我が国では王室の繁栄のために民が仕えるのではないのです。「国民のために天皇がある」「国民が不幸になれば、それは天皇の責任である」と天皇自ら明言なさったことに意味があるのです。そして、このような考えが歴代天皇によって継承され、現在の天皇陛下に受け継がれました。このような王朝は、世界史を通覧してもなかなか見当たるものではありません。天皇が民のために建てた国が日本なのです。もし国民本位の国を「民主国」というならば、まさに我が国こそ、現存する世界最古の民主国といえるのではないでしょうか。さらに次章以降、戦後の教育によって歪《ゆが》められた数々の日本の常識を疑いつつ、民主主義という道具を正しく使うために求められることについて考察していきたいと思います。

第二章

フランス革命は人類の汚点

●──戦争は民衆の意思で起きる

前章では、「民主主義は正しい」という世間の常識は一概に正しいとはいえず、民主主義という「道具」は包丁と同じく使い方によっては悲惨な凶器にもなる、と説明しました。

これまで人類が経験した最も悲惨な出来事といえば、二つの世界大戦でしょう。第一次世界大戦の死者は、諸説ありますが、約八七〇万人。第二次世界大戦の死者はソ連国内の粛清《しゅくせい》による犠牲者まで含めれば、一億人を超えるともいわれます。

両大戦に共通するのは、戦争を望んだのは通説が記すように軍部や政治指導者の意向だけでなく、じつは民衆の意思だったということ。言葉を換えれば、多数派の意思に基づく民主主義こそが人類最大の惨禍《さんか》である二つの大戦をもたらした、といえるのです。

連合国が日本を断罪する目的で行われた東京裁判では、これまでになかった「平和に対する罪」が創設され、戦争を始めたことを罪とみなして東條英機をはじめとする七名が処刑されました。

我が国は自存自衛のために開戦を決意したのですから、外国勢力によって「平和に対する罪」なるもので日本人が処刑されたのは不当です。

とはいえ、先の大戦では民間人を含む三〇〇万人以上の日本人が落命し、国が焦土と化しました。なぜそんなことになったのか、私たちはその原因を究明し反省しなくてはなりません。負けてよい戦争などありません。戦争をするなら、絶対に勝たなくてはいけませんでしたし、勝てないのなら戦争を始めてはいけなかったのです。いま振り返って検証すると、あの戦争は避けることができた戦争でした。東京裁判の観点ではなく、このような観点から戦争責任について考えてみたいと思います。

戦後、日本の対米開戦に関して「軍の戦争責任」あるいは「天皇の戦争責任」が論じられてきました。しかし、その一方で「国民の戦争責任」という言葉はあまり聞きません。日本国民は、日本軍が起こした大東亜戦争の犠牲者である、という見方が一般的ですし、それは連合国が日本に押し付けた「東京裁判史観」そのものです。しかし、本当に国民の側に過失はなかったのでしょうか。当時、日本国民が戦争を回避する努力を真剣にしていたかとなると、じつは相当疑わしいのです。

昭和十六年（一九四一）夏、日本軍の南部仏印（フランス領インドシナ）進駐計画が明らかになると、アメリカは在米日本資産を凍結し、対日石油輸出を全面的禁止するなどの経済制裁を発動しました。さらに米英中蘭（アメリカ、イギリス、中国、オランダ）はABCD包囲網を実施。日本に対する経済的な圧迫を強めます。

国民生活に窮乏の恐れが生じるなか、軍の統帥部は対米英蘭戦の開始を覚悟し、日米交渉妥結の目途が立たなければ開戦する、と記した「帝国国策遂行要領」が大本営政府連絡会議で可決されます（九月三日）。しかし同月六日に開かれた御前会議で昭和天皇は、明治天皇の御製《ぎょせい》（「よもの海みなはらからと思ふ世に　など波風のたちさわぐらむ」）を朗誦《ろうしょう》なさることで避戦の叡慮《えいりょ》（天皇の考え）をお示しになりました。

我が国の憲政史上、政府と統帥部の決定を天皇が白紙に戻した唯一の例であり、これはのちに「白紙還元の御諚《ごじょう》」と呼ばれることになります（拙著『旧皇族が語る天皇の日本史』PHP新書を参照）。

天皇の御諚を受けた東條（英機）内閣は日米交渉を継続し、避戦に努めます。ところが、国民はそうした内閣の態度を「弱腰」と責め立てました。

当時、国民の戦争熱を煽《あお》っていたのは新聞です。『朝日新聞』は次のような記事を掲載して政府に対米開戦をけしかけています。

「国民の覚悟は出来ている。ひじきの塩漬で国難に処せんとする決意は既に立っている。待つところは〝進め〟の大号令のみ」（昭和十六年十月十七日付『朝日新聞』）

当時は、インターネットはもちろん、テレビや週刊誌もなく、メディアといえば新聞が主でした。国民の戦争熱を煽った「新聞の戦争責任」はきわめて大きい、というほかないでしょう。

さらにいえば、メディアに煽られた面があるとはいえ、戦争回避に努めなかった国民の多くも同罪と見なすべきなのです。もし日本人がこのことを反省しないのなら、民衆の意思がまた日本を不幸な戦争に駆り立てることにもなりかねません。

◉——戦前も日本は民主主義

前章で指摘したように、現在より国民の権利は制限されていたものの、戦前の日本は歴《れっき》とした「民主主義国」でした。戦後の議論では、帝国憲法下の帝国議会（衆議院・貴族院の両院からなる）の権能はきわめて弱かった、といわれがちです。しかし、当時の議会は憲法改正案や法案をはじめ政府提出の予算案の審議・議決にあたるなど、一定の力を有していました。

いくら政府や軍が法律や予算を成立させたくても、帝国議会はそれを拒否することができたのです。

特に、民党（民権派の流れを汲む勢力）が多数を占める衆議院は、予算の審議権を盾《たて》にしてしばしば政府と激しく対立しました。衆議院で議決されないと、政府が提出した予算案は成立しないのですから、これは決して軽く見ることのできない力です。

とりわけ明治二十三年（一八九〇）の帝国議会開設後の初期議会において、衆議院は政府の軍備拡張を主とする予算案を何度も否決しました。日清戦争が近いと考えた政府と軍が軍事予算の増額案を議会で通そうとしたのですが、そのたびに否決されてしまい、なす術《すべ》がなくなってしまいます。当時、これを憂慮なさった明治天皇が宮内大臣に、宮中の費用を節約して軍艦の建造費に充《あ》てるように命ぜられたほどでした。

陛下がそこまでおっしゃるのであれば、ということで、衆議院は予算の拡張案を認めるに至りました。

まさにギリギリのところで日本は軍備を整え、清国との戦争に勝利できたのです。

このように、戦後の日本人の思い込みとは異なり、戦前の我が国には民主主義の柱としての議会に強い権限がありました。国民（議会）が反対すれば、戦争を始めるどころか軍事費の増額すらできなかったのです。

日本が第二次大戦に突入していったのも、アメリカの一連の経済制裁に対して「アメリカを叩くべし」という日本国民の強い意思表示があったからこそ、東條内閣は開戦を決断することができたのです。政府と統帥部が決定した対米戦争の開始を昭和天皇が最終的に認めなければ、「クーデターが起り、却《かえつ》て滅茶苦茶な戦争論が支配的になるであらう」（『昭和天皇独白録』文春文庫）と昭和天皇自ら語っていらっしゃるように、前のめりに戦争に突き進む空気が当時の日本にはあったのです。そう考えれば、「国民の戦争責任」あるいは「新聞の戦争責任」が問われてしかるべきではないでしょうか。

戦後の教育では、こうした側面がまったく捨象《しゃしょう》されてしまっています。少なくとも「戦前の日本は軍国主義だから戦争が起きた」「戦後の日本は民主主義だから戦争は起きない」という単純な図式は、完全な誤りといって差し支えありません。日本は戦前も戦後も民主主義であるという点では同じであり、民主主義だから戦争が起きない、という保証もないのです。

◉――なぜ第一次大戦は長期化したのか

国民の戦争熱が戦争を招き、戦禍を拡大する――こうした事情は第二次大戦だけでなく、第一次大戦でも同じでした。

第一次大戦は一九一四年六月、ボスニアの州都サラエボで、オーストリア＝ハンガリー帝国（以下、オーストリア）の皇位継承者夫妻がセルビア人の民族主義者に暗殺されたことをきっかけに起こりました。オーストリアがドイツの支持を確認してセルビアに宣戦布告すると、ロシアはセルビアの支援を表明し、部分動員令に続いて総動員令を発令。これに呼応してドイツも総動員令を発令し、ロシアに宣戦布告しまし

オーストリアのフランツ・フェルディナンド皇位継承者夫妻が銃撃、暗殺された「サラエボ事件」を描いた絵（写真提供：Bridgeman Images/時事通信フォト）

た。かねてよりドイツでは、ロシアが総動員すれば返す刀で宣戦布告することが決まっていたのです。

さらにフランスが露仏同盟に従って動員を開始したため、ドイツはフランスに対しても宣戦布告しました。一方、イギリスはドイツ軍のベルギー侵攻を理由に、ドイツに宣戦布告するに至ります。こうしてサラエボでの一つの銃撃事件が瞬《また》く間に「世界大戦」に発展してしまいました。

にもかかわらず当時、列国の元首（皇帝、国王）は誰一人として積極的に戦争を望んでいなかった、といわれています。各国が意図しないかたちで第一次大戦は拡大、長期化してしまったのです。なぜでしょうか。

入江隆則先生（明治大学名誉教授）は『敗者の戦後』（文春学藝ライブラリー）のなかで「新聞に扇動された大衆の戦争熱」を要因として指摘しています。当時、「各国の募集事務所は義勇軍に志願しようとする青年たちで埋まった。それはドーバー海峡の彼方のイギリスでも例外ではなく、イギリスの陸軍大臣キッチナーは何十万という義勇兵が集まって来るのに、彼らに与えねばならない予備の小銃はイギリス中の倉庫をかき集めても三万挺しかなく、他の人々には棍棒しか渡せなかった」状況だったそうです。

当時のヨーロッパでは、民衆による戦争への熱狂的支持を背景に、軍の指導者が元首や政府の統制を無視して戦いを拡大していました。たとえば、ロシア皇帝が部分動員令を掛けたのは、ドイツを牽制《けんせい》することでむしろ戦争を避けたかったからです。ところが、軍部は強硬論を主張して部分動員令を総動員令に切り替えてしまったのです。

◉──戦争の勝敗は正義の有無とは無関係

前述のように、戦後の日本には「戦前の日本は軍国主義だから戦争が起きた」という誤った知識を持つ人が多くいます。しかし、日本が米英蘭との戦争に踏み切ったのは自存自衛のためであり「戦争を外交の手段として考える」という軍国主義の本義に従えば、軍国主義だから戦争になったというのは不当です。むしろ、当時の欧米列強はいずれも本物の軍国主義だったといえます。日本とタイを除けばアジアはどこも列強の植民地でした。そして、列強の国民は軍事力を用いて他国に制裁を与える、あるいは侵略することを躊躇《ちゅうちょ》しなかったからです。

さらに重要なことは、軍国主義の背景には民衆による戦争への期待がある、という点です。民主主義は軍国主義を育て、膨張させる源《みなもと》にもなりえるのです。

もしあの戦争で日本が勝っていたら、日本が「軍国主義」と名指しされることはなかったはずです。勝者が敗者を裁くのは歴史上よくあることなのです。ではソ連やアメリカ、イギリスなどの戦勝国が平和主義であったかというと、これらの国が行なった数々の軍事行動を見れば分かるとおり、まったくそんなことはありません。

よく考えてみれば分かりますが、正義の有無と戦争の勝敗には何ら因果関係はありません。正しいからつねに戦争に勝つとは限らないし、負けたからといって不道徳とは限らない。その意味で「歴史は勝者が作るもの」という言葉はたいへん重く、われわれが向き合うべき冷徹な真実なのです。

◉――ベルサイユ体制に不満を抱いたドイツ国民

第一次大戦では、列国が約五年にもわたり凄惨《せいさん》な戦闘を繰り返した結果、一九一九年六月、パリ郊外のベルサイユ宮殿でベルサイユ条約が調印されました。ドイツはすべての植民地を失い、ポーランドなど周辺国に国境地域を割譲《かつじょう》させられたほか、巨額の賠償金が課せられました。よく知られたとおり、こうした戦後処理のあり方、すなわちベルサイユ体制がドイツの不満を高めることになり、第二次大戦の原因になってしまうのです。

すでにドイツでは一九一八年十一月、革命で王政が倒され、共和国になっていました（ドイツ革命）。ベルサイユ条約に調印した主体は、この共和国政府です。その後、一九一九年に入ると国民議会選挙が行なわれ、憲法も制定されました。この時点でドイツは帝政から民主主義になりました。そして民主主義体制のなかからナチス（ナチ党員や関連組織のメンバー）およびヒトラーが誕生したのです。

ヒトラーを党首とするナチ党、正式にいえば国民（国家）社会主義ドイツ労働者党は、いきなり政権を取ったわけではありません。一九二八年、ナチ党として挑んだ初の国政選挙では少数議席に留まっています。しかし、ヒトラーはそれまでタブーとされていたベルサイユ条約の破棄を公然と訴え、急速に国民の支持を得て勢力を伸ばしていきました。

もともとドイツ国民の多くは、第一次大戦の責任をドイツだけに押し付けるのは不正義であり、屈辱的だと考えていました。それだけに「ヒトラーが誰もいってくれなかった自分たちの不満を代弁してくれた」という思いを強めていったのです。一九三二年七月の選挙でナチ党はついに第一党となり、翌一九三三年一月、ヒトラーは首相に就任します。問題はここからです。

同年三月、ヒトラー政権に対し、憲法に拘束されない無制限の立法権を付与する全権委任法（授権法）が成立します。本来、立法権は議会が持っていますが、政府が閣議決定すればどんな法律でも作れることになり、議会は完全に無力化してしまいました。さらに同年七月、ナチ党以外の政党の活動を禁止する政党禁止法が制定され、いわゆる一党独裁が実現。翌一九三四年八月にはヒンデンブルク大統領が死去し、これに伴いヒトラー首相が大統領の権限を併せ持つことになり、名実ともに独裁者となったのです。

◉――民主主義の自殺によって生じたヒトラーの独裁

もともとヒトラーは、自分が政権を取ったら独裁的権限を握ることを公約として宣言していました。そのような指導者を選挙で選んだのは、ほかならぬドイツ国民でした。ナチ党や突撃隊はヒトラーが権力を掌握《しょうあく》する過程で数々の暴力沙汰を起こしていますが、ドイツ国民は見て見ぬふり。つまりドイツではファシズムが民主主義を葬《ほうむ》ったのではなく「民主主義が民主主義を葬った」といえるのです。ヒトラーの独裁は、いわば民主主義の自殺によって生じたものです。

しかし、ヒトラーが公約としていた「独裁」の意味を民衆が理解しそれを望んでいたわけではありません。ヒトラーは選挙で勝ったことをいいことに、国をまるごと乗っ取ってしまいました。ヒトラーは民主主義を利用し、民衆の心理を巧みに操って、誰も制御できない本物の独裁者になったのです。

ドイツ国内における独裁体制を確立したヒトラーは、国際連盟脱退や再軍備、ラインラント進駐を進めるなど、ベルサイユ体制を徹底して破壊しました。「ラインラント」はドイツ西部のライン川の沿岸を指す地域であり、ベルサイユ条約で非武装地帯に指定されていました。軍を駐留させてはいけないラインラントに、国際条約を堂々と破って進駐するヒトラーの決定を当時、ドイツ国民の大多数が支持しました。なかには反対意見を持つ国民もいましたが、彼らは政権からの弾圧を恐れて口を噤《つぐ》みました。残念ながら当時ドイツの民主主義はすでに破壊され「ヒトラーの意思」が「国家の意思」とされたのです。ここまで来るともう、いつ戦争が始まってもおかしくありません。

さらにヒトラーのドイツはオーストリア併合、チェコスロバキア解体へと歩を進め、ポーランドにベルサイユ条約で割譲したダンツィヒの返還を求めて拒否されると、一九三九年九月、ポーランドを侵攻しました。ここに第二次大戦が勃発《ぼっぱつ》したのです。

ヒトラー政権を誕生させたドイツ国民が迎えた結末は、悲惨なものでした。五〇〇万人以上のドイツ人犠牲者を出すとともに、ユダヤ人のホロコーストのような戦争犯罪を残してしまったのです。

◉――フランス革命の光と影

以上のように二度の世界大戦の帰結を見れば、多数派がつねに正しいとは限りません。民主主義は選挙による多数派の支持を基盤にしています。しかしドイツでも日本でも、戦争を望み、政府を開戦に仕向けたのは多数派である国民の意思によるところもあったのです。したがって「多数派による民主主義の選択を続けていれば平和が保たれる」というのは幻想なのです。

民主主義が人類にもたらした惨劇は、二度の世界大戦だけではありませんでした。有名なところでは、一七八九年のフランス革命が挙げられます。日本ではフランス革命は、無条件に素晴らしいものと評価されがちですが、ここにも民主主義に対する誤った「刷り込み」があるような気がしてなりません。

たとえば、アメリカ独立戦争とフランス革命を戦い、フランスの英雄として知られるラ・ファイエットが起草した「人権宣言」は、アメリカの独立宣言と並んで近代民主主義の基礎を築いたといわれます。私たちが受けた世界史の授業では、革命前のフランスは絶対王政の国であり、富を貪《むさぼ》る国王ルイ一六世を処刑し、民衆が主人公である「民主主義国家」を起ち上げたことは人類の大いなる進歩、快挙だったと教えています。

しかし、どんな物事にも光と影はあります。私は、総じていえばフランス革命は「人類の汚点」であったと考えています。

現在の三色のフランス国旗（通称・トリコロール）はフランス革命期に制定されたもので、青は自由、白は平等、赤は博愛（友愛）を表します。このうち、のちの共産主義や社会主義思想の源流となったのが「平等」の観念です。言い換えれば、フランス革命こそソ連や中華人民共和国、北朝鮮を始めとする社会主義国の生みの親であった、といえます。共産主義・社会主義における「平等」の理念を追求した結果、ソ連の大粛清や中華人民共和国の文化大革命によって数百万人（数千万人の説もあり）が亡くなった歴史を振り返れば、とうてい「人類の大いなる進歩、快挙」とは言い難い。さらに現在も、社会主義を掲げる北朝鮮は核・ミサイルで日本を威嚇《いかく》する蛮行を続けています。

これらの「野蛮な」国を成立させた思想の源流にフランス革命があるとすれば、同革命を「人類の汚点」とする見方も、日本人にとっては十分頷ける話ではないでしょうか。

意外に知られていませんが、フランス革命が進行する過程ではフランス国内で約六〇万人が命を落としています。政治信条や党派の違いによって、フランス人が互いに殺し合った結果です。当時のフランスの人口が二六〇〇万人程度ですから、革命による死者はかなりの割合といってよいでしょう。

革命前のフランスは、少数の第一身分（聖職者）と第二身分（貴族）、そして多数を占める平民（第三身分）に区分されていました。税金の大部分を納めるのは平民で、なおかつ重要な官職には就《つ》けません。権力の頂点に立つ国王は、すべてを牛耳《ぎゅうじ》っていました。ルイ一四世の「朕《ちん》は国家なり」という言葉は絶対王政主義を象徴する言葉として有名です。

これらの旧体制（アンシャン・レジーム）をぶち倒し、国王の代わりに民衆が国の主人公になったのがフランス革命というわけですが、いざ王を処刑した途端、民衆が民衆を統治するという矛盾に直面し、機能不全に陥ります。そこでフランスで起きたのが、政権がひたすら反対派の処刑を繰り返す政治的大混乱と、王政を凌《しの》ぐ暴力でした。

この渦中に台頭してきたのが、かのナポレオンです。一八〇四年、ナポレオンは国民投票で圧倒的支持を受け、なんと皇帝に即位します。あれほど王政が嫌で革命を起こしたのに、フランスはあっさり民主主義を捨ててしまい、再び王政に回帰したのです。以降もフランスは、再び民主主義に戻り、また王政に戻るという迷走を繰り返します。もし民主主義が完全な政治制度ならば、このような大混乱が起きるはずもありません。

私には、フランス革命の「失敗」は最初から約束されていたように思えてならないのです。フランス革命のリーダーであったシエイエスは「民衆が思うことはつねに正しい」ということをスローガンに掲げました。つまり大衆迎合こそフランス革命の本質だった、ということです。民衆の考えがつねに正しいというのは幻想です。もし民主主義が人々を幸せにできるとしたら、その前提として、シエイエスが言うことを捨て去らなければなりません。闘争から始まる西洋型民主主義は、民衆の間の対立を煽り、国家を分断することにもなるのです。

第三章

日本は「革命」となぜ無縁だったのか

◉——革命が起きたわけ

第二章ではフランス革命について、日本人は人類の進歩に貢献した輝かしい出来事と思う人が多い半面、フランス革命はまさに血で血を洗う闘争、粛清《しゅくせい》の連続で革命の過程で約六〇万人の国民が命を落とす「影の部分」があったこと、また革命の原動力となった思想に根本的な「誤り」があったことを述べました。

この章では、そのフランス革命がなぜ起きたのか、同時代の日本の状況と対比しつつ考えたいと思います。

革命が起きた一七八〇年代のフランスは、ある大きな課題に直面していました。巨額の財政赤字です。国の財政は逼迫《ひっぱく》し、民衆は重税に苦しめられていました。

当時のフランスが財政難に陥ったのには、主に三つの理由があります。

一つ目は、対外戦争による戦費の拡大です。フランス革命時の国王はルイ王朝（ブルボン王朝）第五代ルイ一六世、王妃は有名なマリー・アントワネットですが、フランスの戦費が拡大したのは同第三代ルイ一四世の時代です。「朕《ちん》は国家なり」という言葉で知られるルイ一四世は「太陽王」と呼ばれ、絶対君主制を確立。対外戦争を繰り返して多額の戦費を使いました。

二つ目は、ルイ一四世が建てた豪奢《ごうしゃ》なベルサイユ宮殿をはじめとする莫大な宮廷費です。さらに王族と貴族たちの蕩尽《とうじん》によって、国家財政はいっそう傾きました。

三つ目は、ルイ一六世がアメリカの独立戦争を支援したことです。フランスにとっては宿敵イギリスに一矢《いっし》報《むく》いる機会であり、結果としてアメリカの独立は達成されたものの、対米支援はもはやフランスの国力の限界を超えていた、といえます。

以上三つの理由から財政難に悩むフランスにとって、致命傷となったのが、アイスランドのラキ火山の噴火です（一七八三年六月）。噴火の影響でこの年は世界的な冷夏となり、ヨーロッパでは小麦粉の価格が急騰。日ごろ多額の税負担に苦しめられていたフランスの民衆はパンすら買えなくなり、ついに暴動を起こしました。

ただし、革命の導火線に火を点《つ》けたのは平民ではなく、貴族だったのです。この点は多くの日本人が誤解しているかもしれません。

◉──王政に絶望したフランス民衆

革命前のフランスは、完全な身分制の国でした。当時の社会体制をアンシャン・レジーム（旧体制）といい、国王を頂点に、第一（聖職者）、第二（貴族）、第三（平民）という三つの身分から成っていました。第一身分と第二身分を合わせても国民の二％にすぎない特権身分が四〇％の土地を所有し、免税特権などのさまざまな特権を保持していました。

ルイ一六世から財務総監（財務大臣）に起用されたジャック・ネッケルは当面の財政破綻を回避するため、特権階級の免税特権を廃止しようとしました。ところが、貴族からの強い抵抗に遭います。さらに貴族たちは国王に対し、第一、第二、第三身分の代表議員が集まる三部会の開催を要求しました。

フランスで三部会が開かれるのはじつに百七十五年ぶりのことで、もし貴族たちがこのときわが儘《まま》をいわず税金を納めていれば、結果的にフランス革命は起こらず、貴族たちの没落もなかったかもしれません。これは歴史の皮肉でしょう。

球戯場の誓い(写真提供:culture-images/時事通信フォト)

まず、三部会で揉《も》めたのは議決方法でした。議員数が最も多い第三身分に対して、第一、第二身分は「身分別の表決」を主張しました。すると第一身分+第二身分=二票、第三身分=一票となり、聖職者や貴族たちの免税特権が維持されてしまう。これに反対した第三身分の代表者は、三部会から独立した新しい議会を作ります。自らの議会を国民議会と名付け、憲法制定までは解散しないことを誓いました。有名な球戯場(テニスコート)の誓いです。

開明的な第一、第二身分の議員のなかには、国民議会に加わる議員も現れました。そのため、ルイ一六世は国民議会の存在を認めざるをえなくなります。やがて国民議会は「立憲国民議会」と名乗るようになりました。

ルイ一六世は身分差別の解消を訴える平民とそれに反対する貴族との諍《いさか》いのなかで、完全な板挟みに陥ってしまいました。しかし国王は結局、貴族側の要求を呑んでしまいます。具体的には、特権階級の免税特権を廃止する体制改革の旗頭《はたがしら》である財務総監ネッケルを罷免《ひめん》してしまった。これが破滅の始まりでした。王政に絶望したフランス民衆は、多数の政治犯が収容されていたバスティーユ牢獄を襲撃し、革命の火《ひ》蓋《ぶた》が切って落とされます。時に一七八九年七月十四日のことでした。

◉──同時期の日本はどうだったか

革命以後のフランスは、人権宣言の採択やオーストリアへの宣戦布告、ルイ一六世の処刑、マクシミリアン・ロベスピエールによる恐怖政治など、激動の時代を歩みます。その詳細について語る前に、同時期の日本はどうだったかを見てみたいと思います。

フランス革命が起きた一七八〇年代当時、日本で政治（幕政）の実権を握っていたのは老中の田沼意次《たぬまおきつぐ》でした。田沼の失脚後、松平定信《まつだいらさだのぶ》が老中に就任して寛政《かんせい》の改革を断行します。対外的には、ロシア人が南下して蝦夷地《えぞち》へ到達、長らく平和が続いていた日本にも列国の脅威が迫りつつある、という時代でした。

革命時のフランスと当時の日本には、興味深い歴史の一致が見られます。前述したラキ火山の噴火が起きた数カ月のち、浅間山が噴火したのです。この噴火も同じく世界的な冷夏に影響を与えたと考えられています。

ラキ火山の噴火が小麦への被害と価格急騰の惨状を招いたように、日本では前年の東北地方の冷害に加え、ラキ火山と浅間山の噴火によって多数の餓死者が出る飢饉《ききん》となりました。天明《てんめい》の大飢饉です。天明二年（一七八二）から天明八年（一七八八）にかけて農村で百姓一揆《いっき》が頻発し、江戸（東京）や大坂（大阪）などの大都市で打ちこわしが起こりました。フランス革命時の民衆が「パンをよこせ」とバスティーユ牢獄を襲撃していたころ、日本の民衆も同じく「米をよこせ」と江戸、大坂で暴れていたのです。

しかしながら当時、民の君主に対する対応は、日仏両国でまるで異なっていました。フランスの民衆がルイ一六世とマリー・アントワネットを宮殿から連れ出して監禁し、最後はパリのコンコルド広場でギロチン処刑を行なったのに対し、飢饉に苦しむ日本の民衆は京都御所に大挙し、光格《こうかく》天皇（在位：安永八年〈一七七九〉～文化十四年〈一八一七〉）を拝んでいたのです。一日に数万人の民衆が禁裏《きんり》御所に押し寄せ、天皇に祈願する事態が三カ月以上も続きました（拙著『旧皇族が語る天皇の日本史』ＰＨＰ新書を参照）。

「御所千度参り」と呼ばれるこの現象には、京都だけでなく周辺の都市からも多くの人が加わり、一日の祈願者は最高で七万人に上りました。禁裏周辺には五〇〇から六〇〇の出店が並び、旦那衆が遊女を連れて見物に繰り出す有り様だった、と伝えられます。

光格天皇は民の期待に応えて事態の収拾を図るため、幕府に窮民救済を申し入れます。天皇が幕府に対して政治的な提言をするのはきわめて異例であり、江戸期においては最初の例です。「困窮する民を救う目的であれば、天皇が幕府に政治提言することがある」という先例を築いた点で、御所千度参りは重要な出来事でした。

さらに光格天皇治世の文化四年（一八〇七）、樺太《からふと》にある日本の施設と艦をロシアの軍艦が攻撃する事件が起きました。このとき、幕府は「朝廷に事態を報告する」先例を作っています。

内政や外政で大きな問題が起きたとき、幕府が朝廷の意見を求め、天皇の権威を借りて政治を進める。この先例が次第に常態化し、光格天皇の孫である孝明《こうめい》天皇の治世においては朝廷と幕府、天皇と将軍の力関係が逆転し、天皇が政治の上位を司《つかさど》るようになります。

光格天皇の時代に起きた「御所千度参り」は天皇を中心とした新しい国づくり、すなわち明治維新へ至る道の始まりともいえる出来事でした。

◉──「国民のための天皇」という思想

このように、フランスで君主（国王）を失墜《しっつい》させる革命が起きた時代に、日本では逆に君主（天皇）の権威が復活しました。ではなぜ、日仏の民衆は君主に対して真逆ともいえる対応を見せたのでしょうか。その理由を考えることは、欧米から日本が輸入した「主権」という概念の意味を考えるうえでも重要です。

フランス革命時、自由主義貴族であるラ・ファイエットらが起草し、立憲国民議会が採択した「人権宣言」を見てみると、第一条にこうあります。

「人は、権利において自由かつ平等に生まれ、自由かつ平等でありつづける。社会的差別が正当化されうるのは、共同の利益にかかわる場合のみである」

このフランスの人権宣言は、「すべての人間は生まれながらにして平等」という冒頭の文句で知られるアメリカの「独立宣言」（一七七六年七月四日）の影響を受けた、といわれます。両者はいずれも自由や平等を人間の生まれながらの権利、つまり基本的人権と見なしており、さらに国民主権を提示している点で、民主主義（民主制）の基本原理を示している――教科書ではこのように説明されます。

フランスやアメリカなどでは、たしかにそうだったのでしょう。しかし、欧米の人権や国民主権の概念をそのまま日本に当てはめることは適切なのでしょうか。

フランス革命が起きる前、マリー・アントワネットは「パンがなければお菓子を食べればいい」と語ったといいます。この発言は彼女のものではないとの説もありますが、当時のフランス王室が民衆の疲弊を顧《かえり》みず、豪奢な宮廷生活を送っていたことは事実です。

他方で、歴代天皇の生活は質素そのものでした。どの文献を当たっても「天皇が法外な贅沢をした」という記述は出てこない。それどころか反対に、仁徳《にんとく》天皇の「それ天の君として立つには、百姓《おほみたから》のため」という言葉に象徴される「国民のための天皇」という思想が、我が国の皇室には連綿《れんめん》と流れているのです。

天明の大飢饉の際、凄まじい数の民衆が御所まで祈願に集まったのも、天皇が国民一人ひとりの幸せを命懸けで願い、祈り続ける「公」そのものの存在だと知っていたからでしょう。

他方、フランスのルイ王朝にとって国民は「私」のものでしかありません。王の幸せや王室の繁栄を支えるために民がいる、という考え方です。この発想から、絶対君主が私利私欲で国を治め、民衆の支持を失って暴動や革命が起き、王が打倒される歴史が繰り返されてきました。

日本の天皇のように国民の幸せを日々祈り続ける存在であれば、民衆も君主を打倒しようと考えるはずがありません。日本の歴史上、天皇と国民が対立関係になったことは一度もなく、最初から「国民に攻められる」事態を想定していないのです。

事実、明治維新を迎えるまで天皇が千年以上お住まいになった京都御所には堀もなければ、石垣や櫓《やぐら》もありません。いざというときに備えて兵が駐留する施設すらなかった。

天皇は国民のことを深く愛し、その幸せを祈る。国民は天皇を慕い、国を支える。この「君民共治」のかたちこそ、日本における統治の本質であり、堀や石垣がない京都御所の構えがそれを端的に表しています。

「国民のための天皇」という思想は、明治維新という時代の大変化を経てもなお、皇室と国民のあいだに受け継がれました。たとえば明治天皇は、生涯で約一〇万首の御製《ぎょせい》（和歌）をお詠みになったといいます。そのなかには、裏紙を再利用して鉛筆で書かれた御製が多く残っています。しかも、ちびた鉛筆を好んで使っていらしたそうです。いかに質素を好み、民の生活からかけ離れた贅沢を嫌ったかが窺《うかが》える逸話です。

◉——帝国憲法と「和」の精神

さらに憲法を見ても、欧米と日本の違いは明らかです。明治二十二年（一八八九）、大日本帝国憲法が発布されました。「法律ノ範囲」において信教や言論、結社の自由が認められたことで帝国議会が開かれ、政党は国政に対して大きな権能を行使しました。たしかにこうした点を見れば、帝国憲法はアメリカの独立宣言やフランスの人権宣言のように近代民主主義の原理に即している、といえるでしょう。

しかしその一方で、帝国憲法には「君民共治」という日本ならではの思想が織り込まれています。西洋から輸入した人権という概念を消化しつつ、伝統的な「国民のための天皇」という思想と調和させる方策が取られたのです。

たとえば、帝国憲法の第一条に「大日本帝国ハ万世一系ノ天皇之ヲ統治ス」とあります。この「統治ス」の部分について、原案では「治《しら》す」となっていました。この「しらす（知らす）」を遡《さかのぼ》ると、『古事記』『日本書紀』に出てきます。「天皇が広く国の事情をお知りになることで、自ずと国が一つに束ねられる」という意味で、天皇の存在によって自然と国がまとまる、という「和」の精神に即した言葉です。

実際、井上毅《こわし》が起草した帝国憲法草案には、この「しらす」という言葉が使われていました。ところが草案を審議する過程で、最終責任者の伊藤博文が一般に分かりづらいと判断して「統治」に置き換えたのです。ただし、伊藤は『憲法義解』という帝国憲法の解説書で「統治」は「しらす」の意味として用いる、とわざわざ説明を加えています。

「しらす」をあえて欧米流の表現でいえば、「天皇は君臨すれども統治せず」となるのであって、帝国憲法の「統治ス」を英語の「統治（Govern）」と同一視すると主権の理解に齟齬《そご》が生じてしまいます。

◉──我が国の歴史を示す日本国憲法第一条

さらに、戦後の日本国憲法においても「君民共治」の思想は生きています。たとえば第一条に「天皇は、日本国の象徴であり日本国民統合の象徴であって、この地位は、主権の存する日本国民の総意に基く」とあります。天皇が国民とともに歩み、強靭な絆で結ばれてきた歴史がなければ、天皇は国民の象徴、日本国の象徴たりえない。日本国憲法の第一条は、「天皇がしらす国」という、まさに我が国の歴史の歩みを指し示しているわけです。

どの国においても、憲法の第一条には「国の体《てい》」すなわち国体を表すものが表現されていることが多い。では、現在のフランスの憲法（フランス共和国憲法）はどうでしょうか。前文第一条にはこうあります。

「フランスは、非宗教的、民主的、社会的な、分割しえない共和国である。フランスは、生まれ、人種、宗教の区別なしに、すべての市民に対して法の下の平等を保障する」

この条文の趣旨が、先に引用した人権宣言の延長にあることは明らかでしょう。フランス革命を経て、人びとが究極の「平等」を手にしたことが「フランスの国体」だとわかります。フランス国民にとって、それは間違いなく誇りなのでしょう。しかし、しょせんそれはフランス人にとっての歴史にすぎないのです。

繰り返しますが、日本では民が君を打倒するという意味での「革命」は一度も起きていません。王政への抵抗や打倒を通じて生まれた西洋の主権という概念をそのまま日本に適用できないことは、これまでの説明で十分にお分かりかと思います。

そもそも、主権とは「国の政治の在り方を最終的に決める力」と定義されます。天皇と国民がともに歩んできた我が国の歴史を振り返れば、日本の主権は西洋と異なる「君民一体」という独自の姿として捉えるほかないでしょう。

どんな国や時代であれ、人の想いは国の未来を作ります。いま日本が存在しているのは、先人が薄氷を踏むような思いで必死に日本を守り、想いを繋いできたからです。王朝交代も革命もなく、二千年以上も国が続くというのは、広く見渡しても世界史の奇跡といってよい。「現存する世界最古の国」に生きるわれわれは、素直にそのことに誇りを抱き、今後も「君民共治」という日本ならではの民主制のあり方を模索し、次代に繋げていく義務があるのではないでしょうか。

第四章

国民は「神」であるという物語

◉——ベルサイユ宮殿から連れ出された王

前章で私は、フランス革命の導火線に火を点《つ》けた端緒《たんしょ》は、ラキ火山（アイスランド）の噴火による冷夏で小麦粉の価格が暴騰したことにある、と述べました。また、奇《く》しくもフランスと同時期に日本でも浅間山が噴火し、冷夏による飢饉《ききん》と民衆の暴動（打ちこわし）が発生したことを紹介しました。

しかしフランスの場合、最終的に時の君主（国王）であるルイ一六世の処刑にまで至ったのに対し、日本では飢饉に苦しむ民衆が、光格《こうかく》天皇がお住まいになる京都御所へ一斉にお参りする「御所千度参り」が起きました。フランスとは逆に、災害によって君主（天皇）の権威が高まったのです。この点からも、君主を民が倒す「革命」のない日本には、王政への抵抗と打倒を通じて生まれた西洋的「主権」の概念をそのまま適用できないことが分かります。

そこで第四章では、さらにフランス革命の過程を詳しく追うことで、日本の学校教育ではあまり触れない革命の「影の部分」を明らかにしていきたいと思います。

ルイ16世
（写真提供：Bridgeman Images/時事通信フォト）

一七八九年七月、フランス革命の始まりとなるパリ民衆のバスティーユ牢獄の襲撃は、ルイ一六世が第一身分（聖職者）、第二身分（貴族）の免税特権を廃止しようとしたネッケル財務総監（財務大臣）の罷免《ひめん》がきっかけでした。その後、民衆による暴動は全国に広がりました。

こうしたなか、第三身分（平民）を核とする国民議会の流れを汲む立憲国民議会は、「封建的特権の廃止」を宣言。そしてアメリカ独立戦争にも参加した自由主義貴族のラ・ファイエットらが起草した「人権宣言」が採択されました。

これら二つの宣言は特権身分の特権をい

きなり廃止する内容だったため、ルイ一六世は、ベトー（拒否権）を行使しました。拒否権の発動に怒った民衆は、パリのベルサイユ宮殿から王を連れ出し、テュイルリー宮殿に軟禁して両宣言の批准を迫りました。

ルイ一六世はやむなくこれを受け入れました。じつは国王自身、これまで特権身分と平民の利害を調整しようとしてきたのですが、周囲の意見や情勢に流されやすく優柔不断な気質だったことから、封建的特権の見直しを自ら決断できず、かといって革命の鎮圧も確言できなかった。優しい性格であったとも伝えられており、平穏な時代なら調整型の君主として無事に生涯を全うできたかもしれません。革命の動乱期に国王の座に就《つ》いていたのは、不幸であったというほかないでしょう。

◉──革命戦争の引き金

さらに一七九一年九月、ルイ一六世をテュイルリー宮殿に軟禁したまま、フランスの立憲国民議会はラ・ファイエットらが起草した「人権宣言」を前文とする憲法（一七九一年憲法）を制定します。憲法制定を機に立憲国民議会は解散され、新たに立法議会が招集されました。

立法議会の多数派を占めたのは、ラ・ファイエットら立憲王政派（フイヤン派）であり、共和制派（ジロンド派）は少数派に留まりました。共和制というのは「世襲の君主が存在せず、元首が選挙で選ばれる政治体制」という意味です。革命によって一気に王政から共和制に移行したわけではなく、君主が統治権を有しながらも憲法の制約を受ける立憲君主制（立憲王政）の期間が、一年弱という短い期間ながら存在していたのです。

ではなぜ、王であるルイ一六世が統治権を保っていながら、最後は革命派に弑《しい》され、フランスは共和制に移行したのでしょうか。

一つの理由は、国王一家が王妃の実家であるオーストリアに逃亡を図ったことにあります（ヴァレンヌ事件）。逃亡の計画を企てた中心人物・スウェーデン貴族のフェルセンには、アントワネットの愛人だったという噂があります。そのような人物に逃亡を頼まざるをえなかったルイ一六世の心中はいかばかりだったか、と思います。

しかし計画は杜撰《ずさん》そのもので、あっけなく露見し、国王と王妃はパリのテュイルリー宮殿に連れ戻されました。ヴァレンヌ事件の報が伝わると、それまでどちらかといえば国王に同情的だった国民も、ルイ一六世を「裏切り者」と非難するようになりました。王政打倒の流れが一気に加速し、革命の飛び火を恐れたオーストリア、プロイセンの両君主国はフランスに対して国王の地位保全を求める宣言（ピルニッツ宣言）を発します。

しかしピルニッツ宣言は、フランス国民をして国王に対するいっそうの不信とナショナリズムを煽ることになります。議会は圧倒的多数でオーストリアへの宣戦布告を決定。これが革命戦争の引き金となり、プロイセンもフランスに宣戦布告しました。ここからも、議会の多数派、つまり民主主義による決定は何ら平和を生み出さなかったことが分かります。むしろ、民衆によるナショナリズムこそが対外戦争をもたらす要因であった、といえるでしょう。

◉──民主主義による処刑

フランス軍はオーストリア、プロイセン軍の前に敗戦を重ねました。敗戦の一因は、士官は貴族が占めている一方、大多数の兵士は平民だったため、互いに反目し合って軍の統率が取れなかったことにあります。

追い込まれた革命政府は、全国から義勇兵を募ります。このときマルセイユから集まった義勇兵が歌う「ラ・マルセイエーズ」が、のちにフランスの国歌に定められました。「慈悲は無用だ」「先人の仇《かたき》を討つか、後を追って死ぬのみ」といった激越な文句が続く、紛れもない軍歌です。

パリの民衆のあいだには「わが軍が敗北を重ねるのは、マリー・アントワネットが実家のオーストリア軍に内通しているからだ」という噂が広まりました。煽動《せんどう》された民衆が王と王妃の軟禁されているテュイルリー宮殿を襲い、二人を捕らえて同じくパリのタンプル塔に移送、幽閉しました（八月十日事件）。さらに翌九月には王権が停止され、新憲法の制定と共に新しい議会「国民公会」が誕生し、普通選挙制度（ただし選挙権は男性に限られる）の実施を決定しました。

新たな立法府として開かれた国民公会は、立憲王政を廃止し、共和制への移行（第一共和政）とルイ一六世の反革命容疑による処刑を決めました。

こうしてルイ一六世はギロチンで処刑され、ほどなくして王妃も同様に処刑されてしまいます。ここで注意すべきは、「ルイ一六世は暴民に殺されたわけではない」という点です。国王は（裁判所の決定ではなく）議会の賛成多数、つまり民主主義の決定によって処刑されたのです。しかし、これははたして理性に基づく正しい判断だったのか。むしろ歴史上、民主主義の暴走を示す事例の一つとして捉えるべきではないでしょうか。

◉——ヴァンデ地方の大規模な内乱

戦後の風潮で広まった「フランス革命は、民主主義を体現した人類史の輝かしい一コマである」という認識が誤りであることは、革命以降の歴史を辿ることでも明らかです。

その後、ルイ一六世処刑の報に接したヨーロッパの君主国は革命の波及を極度に警戒し、イギリスを中心に対仏戦争に備えた同盟を結成します。

これに対し、国民公会は「三〇万人募兵令」を制定します。国内各地から志願兵の不足分を半ば強制徴募する内容が農民から大きな反発を浴び、各地で内乱が勃発しました。最大規模のものは一七九三年、フランス西部のヴァンデ地方を中心に起きた内乱（ヴァンデ戦争）です。政府軍とのあいだで凄まじい戦闘が繰り広げられ、農民への弾圧は苛烈《かれつ》を極めました。一説によれば三〇万人から四〇万人が犠牲になった、といわれます。

ヴァンデ地方の農民が蜂起した理由は、革命政府による政治が「圧政」そのものだったからです。革命前と比べて税金が二倍になったうえ、兵役という「血税」まで課されました。もとは貴族から特権を奪い、平民の生活を改善するはずだった革命政府が、今度は民衆を苦しめて「王政時代のほうがはるかにましだった」という不満を生んだのです。

ヴァンデ戦争では、国民公会が住民に「反革命」のレッテルを貼り、子供や女性を含めて多くの一般市民を虐殺しました。捕虜たちを裸にして船ごと川に沈める、というおぞましい処刑方法まで実行されたといいます。反乱の関係者を残らず抹殺《まっさつ》し、食料を没収して村落を焼き尽くす部隊に付けられた呼称は「地獄部隊」。事ほど左様に、フランス革命にはつねに「影の部分」がつきまといます。

◉──熾烈な権力闘争と「反革命」のレッテル

さらにフランス革命の本質を考えるうえで、少し長いですが、フランスの政治学者・歴史家であるアレクシス・ド・トクヴィルの『フランス二月革命の日々──トクヴィル回想録』（岩波文庫）を引用します。

「アンシャンレジームの後を引き継いだのは立憲王政であった。この王政の後に共和政が、共和政の後に帝政、帝政の後に王政復古がくる。その後にやってきたのが七月王政だった。この相つぐ変り目のそれぞれで、人は自分勝手に自らの事業と称したものを完成させ、フランス革命は終了したと宣言したものだった。こう宣言することで、人は実際にそうなのだと信じ込んだ。悲しいかな、私も王政復古のもとで、そうあってほしいと望んだし、復古王政の政府が倒れた後も、そのように考えていたのだ。そしてまたフランス革命が始められた」

トクヴィルが記したように、フランス革命は民衆が王政を倒して万事解決とはなりませんでした。前述のように革命後、ルイ一六世を戴《いただ》く立憲王政の時期が一年弱続き、その後も共和制（第一共和政）から帝政（第一帝政）、さらに王政復古と混乱が続いたのです。

第一共和政で独裁的な権力を握ったのは、革命急進派（ジャコバン派）のロベスピエールでした。そもそも「共和制」と「独裁」という組み合わせ自体が矛盾ですが、彼は恐怖政治を敷いて政敵を次々とギロチンで処刑しました。挙げ句の果てに、当のロベスピエールも反対派のクーデターに遭《あ》って失脚（テルミドール九日のクーデター）、ギロチン台に送られてしまう始末。このとき、約一〇〇人もの同志が併せて一度に処刑されました。

この苛烈《かれつ》さは、フランス革命の本質をよく表していると思います。熾烈な権力闘争のなかで、反対派に「反革命」のレッテルを貼って粛清する。この、血で血を洗う殺し合いが本当に「世界に誇るべき歴史」といえるのでしょうか。私は、フランス革命はソ連のスターリニズムや中国の文化大革命と同じく「人類史上の汚点」の一つといっても過言ではないと思います。

◉――あまりに長きにわたる混乱の時代

こうした革命の混乱のなかから台頭してきたのが、有名なナポレオン・ボナパルトです。ナポレオンのクーデターによって第一共和政は十年余りで瓦解《がかい》し（ブリューメル十八日のクーデター）、一八〇四年に彼は皇帝に就任します（第一帝政）。民衆はナポレオンの登場を熱狂的に支持しました。

それにしても不思議なのは、なぜフランス国民はこれほど短期間で共和制から君主制に逆戻りしてしまったのか、という点です。ルイ一六世を処刑したのは「君主制を打倒して共和制にすれば民衆が幸せになる」という理由からではなかったのでしょうか。フランス国民が取った一連の行動は、革命の意義そのものの否定といわざるをえません。

ナポレオンは最盛期、ヨーロッパ大陸の全土をほぼ支配下に置きました。しかしロシア遠征の失敗を機に、欧州各国の反撃に遭い、連合軍がパリを占拠。ナポレオンは退位し、エルバ島に配流《はいる》されます。次の皇帝に即位したのは、何と革命で処刑されたルイ一六世の弟・ルイ一八世でした。ブルボン王朝の復活というかたちで王政復古がなされ、かつてルイ一六世の処刑に賛成票を投じた議員は、ことごとく国外追放の憂《う》き目に遭いました。これも多数派が過ちを犯しうる事例ですが、それだけではありません。遡って多数派を断罪するのは「東京裁判」を彷彿とさせます。フランス人同士がこれをしてしまうのです。これもまた民主主義の冷淡な側面なのかもしれません。

そして一八一五年、ナポレオンはエルバ島から脱出してパリに戻り、ルイ一八世を逃亡させて再度皇帝に就きます。ところが再びワーテルローの戦いで敗れたのち、今度はセントヘレナ島に流されてしまうのです（百日天下）。その後、ルイ一八世がパリに戻り、二度目の王政復古がなされます。

このように、フランスでは革命後も目まぐるしい変転の時代が続きました。ナポレオンの退位後、復活したブルボン王朝は一八三〇年の七月革命で打倒され、その後に誕生した七月王政も、一八四八年の二月革命によって崩壊し、第二共和政が成立します。

先に紹介したトクヴィルの回想録（『フランス二月革命の日々』）は、このときの経験をもとに書かれたものです。一七八九年のバスティーユ牢獄の襲撃から一八四八年の第二共和政の成立まで、およそ六十年。フランスはこの間、ひたすら革命と流血の惨事を繰り返してきたのです。

その第二共和政も四年弱で終わると、一八五二年のナポレオンの甥・ナポレオン三世による第二帝政の時代を迎えます。その後、ナチス・ドイツの侵攻まで続く第三共和政が成立したのは一八七〇年のことです。

一八四八年の二月革命からさらに二十年余りを費やし、フランスはじつに約八十年ものあいだ革命騒ぎをしていたことになります（現在のフランスは第五共和政）。あまりにも長きにわたる混乱の時代であった、というしかありません。

◉──国民の意思は「常に至上最高の法」

第三身分出身のエマニュエル・ジョゼフ・シエイエスが書いた『第三身分とは何か』（岩波文庫）は、フランス革命の支柱となった政治的パンフレットというべきものです。本書を読むと、革命の本質がどんなものだったか、よく分かります。

エマニュエル・ジョゼフ・
シエイエス
（写真提供：Roger-Viollet）

シエイエスは次のように述べました。

「第三身分は国民としての属性を全て備えていると言える。第三身分ではない者は、自分が国民に属するとみなすことはできない。第三身分とは何か。全てである」

つまり第一、第二身分はフランス国民のうちに入れず、第三身分だけで国民議会を作ることを主張したのです。

シエイエスの理屈は「国民の大多数を構成するのは第三身分だから、聖職者や貴族を排除する」というものです。では、仮に彼のいうように第三身分だけがフランス国民の資格があるとして、自分たちが望む政治を行なうようにはどうしたらよいか。そこでシエイエスが考えたのが、一から憲法を作ってしまうことでした。

これは当時、きわめて斬新な発想でした。普通、国家体制というものは何百年、何千年にもわたる歴史の積み重ねによって徐々に形づくられるものです。シエイエスはそうした国家の蓄積を一度リセットしてしまい、憲法のなかに自分たちが理想とする国家体制を、いわば紙にインクで書き込んでしまおうと主張したわけです。この発想は、近代成文憲法の始まりだとされます。

フランスとは対照的に、イギリスには紙に書かれた成文憲法はありません。イギリスにおける憲法はマグナ・カルタや権利章典、慣習など多様な法源の集合で成り立っていて、これを不文憲法といいます。

革命当時のフランスには、古くからある王国基本法をそのまま憲法にする案や、イギリスの憲法を移植すればよい、とする案もありました。しかしシエイエスは、それでは旧来の特権階級を利することになるとして、フランス独自の憲法を一から作ることを主張したのです。

しかし、その新設憲法はいったい何によって正統性や根拠が与えられるのでしょうか。シエイエスの言葉を借りれば「どのような利益に沿って、どのように考えれば、憲法を国民に与えることができたのであろうか」という疑問です。シエイエスは次のように答えます。

「国民は全てに先行して存在するのだ。国民は全ての源だ。その意思は常に適法なのだ。それは法律そのものだ」

つまり国民に憲法（の制定権力）を与えるのは国民自身であり、これこそ「国民主権」の原理だというのです。なぜならば全ての源である国民の意思は常に適法だから、というのがシエイエスの理屈です。

その背景と意図について、長谷川三千子先生は『民主主義とは何なのか』のなかで次のように解説しています。

「この『国民主権』の描写は（意識的にであるにせよ、無意識的にであるにせよ）そっくり神の創造をなぞった描写になっている。そして、神が自らを根拠として憲法を無から創造する――そういう物語が拵《こしら》え上げられているのである」

シエイエスはまさに国民を「神」に代わるような存在と捉え、その意思は「常に至上最高の法」であるとしました。だからこそ、国民には憲法を作る権利がある、と。だが、それは本当なのでしょうか。

フランス革命の歴史を見てきただけでも、国王を処刑し、ヴァンデの住民を虐殺し、対外戦争を行ない、政敵を次々とギロチン台に送り、戦争上手のナポレオンが登場するや、歓喜して君主制への回帰を選択するなど、いったい「国民の意思」のどこに正しさがあるのでしょうか。

第一次大戦、第二次大戦も然《しか》りで、近代以降の歴史は、むしろ国民の意思なるものがいかに誤りうるかを証明しています。同時に、国民の意思が作る憲法もまた正しいという保証はない。にもかかわらず、現在の日本人はシエイエスのごとく「国民の意思は善である」というただの作り話を絶対的に信じ、国民が作った憲法は正しい、というこれまた西洋人が拵えた物語に縛られている気がするのです。

人は不完全であり、その人が作るものもまた不完全であるというのが真理なのです。

第五章

全知全能の神は日本にいるか

◉——主権は「正しくあるべきだ」

民主主義のベースにある主権の概念を初めて明確に定義したのは、フランスの経済学者・法学者のジャン・ボダンとされます。ボダンは著書『国家論』（一五七六年）のなかで「対外的主権」と「対内的主権」の二つを分け、主権を次のように定義しました。

まず、対外的主権の定義は次のとおりです。

「主権とは国家の絶対的で永続的な権力である」

この対外的な主権のあり方を、一般に「国家主権」と呼びます。長谷川三千子先生は『民主主義とは何なのか』で国家主権について、このように解説しています。

「国家は自らの国法を定め、国政を行うにあたって、他からの権力に従うことなく、独立してそれを行いうる、ということである。このような、いわゆる『国家主権』と呼ばれる概念は、現在では、『国民主権』『君主主権』と言うときの『主権』とは、まるで別物の概念のように扱われている。けれども、考えてみれば、国家の内側において誰が舵取りをするのかという問題も、まずはその国家という船が沈没したり乗っ取られたりしないかぎりにおいてはじめて問題となるのであり、『国家主権』のことは放ったらかしにしておいて『国民主権』だけにかまける、などということは本来、事柄として通用しないことなのである」

つまり、国民主権は国家主権が盤石《ばんじゃく》であってこそ初めて成立する、というのです。たとえば、我が国固有の領土である尖閣諸島への中国船の侵入は「国家主権の侵害」であるのみならず、それを放置すれば「国民主権」をも脅《おびや》かされてしまう。日本人のなかに国家主権に対する危機感をもつ人は、はたしてどれだけいるでしょうか。

一方で、対内的主権とはどのようなものか。ボダンは次のように定義しています。

「市民や臣民に対して最高で、法律の拘束をうけない権力である」

対外的な国家主権と同様、対内的な主権についても、ボダンはきわめて強い力であると考えていました。なにしろ「最高で、法律の拘束をうけない権力」ですから、これは絶対的なものといってよいでしょう。

ただし、対内的な主権が何の制約も受けないかといえば、じつは違います。ボダンが『国家論』を著《あらわ》したのはフランス革命より約二百年も前で、当時は国民主権ではなく、君主主権の時代でした。このとき最高の権力の持ち主といえば、「王（または皇帝）」を指します。しかしその王ですら、世界中のすべての支配者に対する絶対的支配者、すなわち「神」には従わなければならない、とボダンは説いていたのです。

神から授《さず》かった王権は国民に拘束されない、というのが王権神授説の考え方です。しかし、その王権は神から与えられているからこそ「正しい」。あるいは「正しくあるべきだ」、そうボダンは考えたのです。君主が神に服しているかぎり、君主が作る法律も神の意思を反映したものである。だから民も従う必要がある。その一方、王は神の意思に従った正しい国家運営を行なう義務がある。この両方の側面をボダンは主張したのです。

◉――日本「国民」も神の子孫

キリスト教徒が信じる唯一絶対の神がこの世に存在するかどうかは別として、ボダンが説いた王権論はある種の作り話です。「お前は優れた王だから、主権者としてこの国を統治せよ。それは絶対的支配者である神の意思である」というのは一つの方便で、それは事実ではありません。

実際の歴史では、親族や諸侯との戦いに勝ち抜いた者が武力で国を支配しているだけで、いつでも王の座を奪われる可能性がある。そうした不安定な立場の人物が作る法律に、絶対的な神の意思が働いているとは考えにくい。ただし、君主がもつ主権という概念が神の概念と対を成していたことを理解するのは重要です。

じつは戦後日本の憲法学界においても、西洋の王権神授説の亜種ともいえる「皇権神授説」を主張する学者がいました。論旨は「戦前の大日本帝国憲法下での天皇の地位の根拠は神意であったが、ポツダム宣言の受諾によって天皇の権威が否定され、主権が天皇から国民に移った」というもので、「八月革命説」の前提となっている説です。

結論からいえば、この皇権神授説はあまりにも荒唐無稽《こうとうむけい》で無理がある説だといえます。同説は主として「天皇が神の子孫であること」「天照大御神《あまてらすおおみかみ》が孫に当たる瓊瓊杵尊《ににぎのみこと》に天壌無窮《てんじょうむきゅう》の神勅《しんちょく》を下したこと」という二点を根拠としています。しかし、これらはいずれも成立しません。

まず「天皇が神の子孫であること」について、たしかに天皇が神の子孫であることは、『古事記』『日本書紀』に記されています。しかし『古事記』『日本書紀』からは「天皇」だけでなく、じつは「国民」もまた神の子孫であることが読み取れるのです。氏族の系譜について詳しい『古事記』の記述によれば、数百もの氏族の祖先を遡《さかのぼ》れば、神の系譜に辿り着くことが記されています。そして数多《あまた》の氏族が数千年にわたり婚姻を重ね、子を産んできたわけですから、子孫の数は膨大な数になります。つまり祖先を遡っていけば、日本人の大半は神の系譜に連なることを意味するのです。国民も天皇と同様、ほとんどが神の子孫なのだとすれば、戦前の天皇の地位の根拠を神の子孫に求める皇権神授説の根拠の一つは崩れることになります。

皇権神授説のもう一つの根拠である、「天照大御神が孫に当たる瓊瓊杵尊に天壌無窮の神勅を下したこと」についてはどうでしょうか。

日本社会における天皇の地位の根拠は『古事記』『日本書紀』が記述する天孫降臨の神話ではなく歴史上長きにわたって天皇が実在してきたという「歴史の事実」にあ

るというのが戦前の政府見解でした。帝国憲法と教育勅語に神話を持ち込まないという考え方は、両文の起草者である井上毅《こわし》によって徹底されています。天皇の地位の根拠を、神や神話ではなく「歴史の事実」に求める見方は、戦前の憲法学の通説でもありました。

そもそも「天皇の主権が神勅に由来する」といわれるようになったのは戦争末期以後のことで、それ以前にはそのような見解は、ごく一部の極端な論者が唱えたにすぎません。日本がポツダム宣言を受諾したあと、それこそ戦後に作られた「神話」であって、およそ学問的な態度とは言い難い。

天照大御神が孫の瓊瓊杵尊にお示しになった神勅の内容についても一つ一つ、言及しておきたいことがあります。神勅の際、天照大御神は瓊瓊杵尊に対して「国を知らせ」と命ぜられました。この「知らせ」という言葉は、「知らす」（天皇が広く国の事情をお知りになることで、自ずと国が一つに束ねられること）の命令形で、「お知りなさい」という意味です。

では、日本の国をお知りになることで、歴代の天皇はどのような存在になったのか。格好の例として、天皇陛下の「象徴としてのお務めについての天皇陛下のおことば」（平成二十八年八月八日）」のなかに、天皇の役割について言及なさった部分があります。

「私はこれまで天皇の務めとして、何よりもまず国民の安寧《あんねい》と幸せを祈ることを大切に考えて来ましたが、同時に事にあたっては、時として人々の傍らに立ち、その声に耳を傾け、思いに寄り添うことも大切なことと考えて来ました」

このように、天皇とは何よりも「祈る存在」なのです。何を祈っておいでかといえば、国民一人ひとりの幸せです。さらに、この祈りとは神から命令されたわけではなく、自発的な行為です。だからこそ天皇の祈りは尊いのだ、そう私は考えています。

◉——天皇の祈りは本物

さらに考えを進めれば、天皇がこの国をお知りになることがなぜ、祈ることにつながるのでしょうか。たとえば、映画を観るときのことを考えてみましょう。映画のなかの架空の人物に対してすら、私たちは相手の事情を察して「知る」ことで感情移入し、初めて物語の意味や登場人物の喜び、痛みを感じるようになります。では、これが実在の人物相手だったとしたらどうでしょうか。

東日本大震災（二〇一一年三月十一日）が起きたあと、天皇皇后両陛下は被災地へお出ましになりました。避難所をご訪問になったときの映像を覚えている方も多いと思います。そのなかで、皇后陛下の次のお言葉がありました。

「生きていてくれてありがとう」

これはもう、他人ではなく身内に掛ける言葉といえるものです。親が子に対して、もしくは子が親にかける言葉でしょう。しかもそのお言葉が決してうわべだけのものではなく、御心から出たものであることが、映像からありありと伝わってきました。天皇と国民が一体となる、愛に満ちた、じつに美しい光景でした。

また、私が東北の被災地にボランティアで訪れていたときのことです。中年のご婦人に「そういえば、この避難所に先週、天皇陛下がいらっしゃいましたね」と私が尋ねたところ、そのご婦人は「そうなんです」と答えた途端、泣き出してしまった。「思い出しただけで涙が止まらなくて」という。辺りを見回すと、周りの人までもら

東日本大震災・被災者とお話しになる天皇陛下
（写真提供：時事）

い泣きしている。陛下の御姿とお振る舞いに接した人が全員、涙を浮かべていたのです。

　そのご婦人は、震災で家族と親戚をすべて亡くしてしまい、「なぜ自分だけが生き残ってしまったのか」「どうやって死のうか」と思い詰めた夜もあったそうです。そんなとき、天皇陛下にお言葉をかけてもらい初めて生きる望みが湧《わ》いてきた。他人事のお愛想ではなく「自分のことを本当に心配してくれる人」がこの世にいるとわかった瞬間「もう少し頑張れる」と思えたそうです。天皇の存在が国民にとってどれほど有難いものであるか、この方は肌身で知ったことでしょう。

このようにして、歴代の天皇は日本のことをお知りになることで、国民の安寧を心から「祈る存在」であり続けました。その祈りがまさしく本物であるからこそ国民を感動させ、天皇との親近感や一体感を深めるのです。

◉——全知全能とは異なる日本の神々

他方で西洋の主権の概念について見ると、君主主権にせよ国民主権にせよ、権威が成立する根拠を絶対的支配者である「神（の意思）」に求めています。フランス革命の指導者の一人であるシエイエスは、国民（民意）を神に代わる絶対者と捉え、その意思は「常に至上最高の法」としたのですが、その裏にはやはり神への意識があり、「絶対的な存在は決して過《あやま》たない」という世界観を主張する点で、じつは王権神授説と同根なのです。

ところが古来、日本においては「唯一絶対の神がいる」という世界観そのものがない。実際、『古事記』『日本書紀』に共通するのは、宇宙が誕生したときに神が現れた、と記しているこどのみです。先に宇宙空間があり、そこに神々が誕生したという時間の流れになっています。

他方、ユダヤ教およびキリスト教の正典である『旧約聖書』は「はじめに神は天と地とを創造された」と、すでに神が存在しているところから物語が始まります。しかし、いかにして神が生まれたかについては書かれていない。

八百万《やおよろず》の神（多神教）の世界に生きる日本人と、唯一絶対の神（一神教）の世界に生きる西洋人との宇宙観、自然観はかくも違うのです。

付け加えていえば、人の根源が「大宇宙」「大自然」にあるとするのは、すべてが神から生まれたと考える発想と比べてより「科学的」である、といえるでしょう。

このような自然観のもとにある日本の神々は、西洋の全知全能の神とは異なり、つねに「正しい」ということはありません。人は誰しもどこか欠点を抱えているように、日本の神もまた完全な存在ではない。それどころか日本の神様は、時として過ちを犯すのです。

たとえば『古事記』に、天照大御神が天《あめ》の石屋戸《いわやと》（高天原《たかまのはら》にある洞窟の入り口を塞《ふさ》いでいる岩）をお開けになって、洞窟に身をお隠しになった「天岩戸隠れ」の神話が描かれています。この天照大御神の行動により、世界は真っ暗になってしまいました。「天岩戸隠れ」の発端は、弟の須佐之男命《すさのおのみこと》が高天原（天上世界）を奪うのではないか、と天照大御神が疑ったことにあります。ところが須佐之男命にはそのような邪心《じゃしん》はなかった。高天原を統治する天照大御神といえども、他の神の心を読むことはできなかったのです。

おそらく天照大御神にしてみれば、世界が暗くなって困り果てた他の神々が、いずれ自分に泣きついてくる、とお考えになったことでしょう。しかし「知恵の神」で知られる思兼神《おもいかねのかみ》は、そんな天照大御神の心理を察して、天照大御神が自分から出てくるような「仕掛け」を考えました。天の石屋戸の周りで神楽《かぐら》を催したのです。

踊り手の天宇受売命《あめのうずめのみこと》が胸乳をあらわにし、服の紐《ひも》を陰部の所まで押し下げると、八百万の神はどっと笑い声を上げました。楽しげな歓声が聞こえてくるのを不思議に思った天照大御神が少し石屋戸を開けると、天宇受売命は「あなた様より尊い神様がいらっしゃいます」と奏上した。そのあいだに八尺鏡《やたのかがみ》を差し入れるのですが、天照大御神は鏡に映る自らの御身をご覧になり、自分と同じような太陽の神が別にいる、と勘違いしてしまいます。そして石屋戸から外を覗《のぞ》こうとしたところ、力ずくで引きずり出されるのです。こうして世界は再び明るくなった、という話です。

そして前述したように、この天照大御神こそが孫の邇邇芸命《ににぎのみこと》に「国を知らせ」と命ぜられた神です。天照大御神はありもしない弟の邪心を疑ったり、石屋戸に引き籠《こ》もってしまったり、ほかに太陽神がいると勘違いなさったり、決して全知全能と呼べる存在ではないことが分かります。

ほかにも『古事記』に登場する神々は、諍《いさか》いや嫉妬、あるいは不倫までしてしまうような、感情的なところが多々あります。文学作品として読んでも面白い物語が展開されていて、日本の神々の特徴をよく示しています。

◉──「外来」の王によるイギリスの統治

結局のところ西洋の主権の概念は、これまた西洋的な全知全能という神の観念に紐付けられており、われわれ日本人の天皇観、宗教観からは違和感を覚えます。それはある意味で当然のことで、日本の場合は君（天皇）と民（国民）が対立したという歴史自体がないのだから、主権が君主にあるのか、民にあるのかを問うことは意味のないことであり、二重の意味でおかしいのです。

仮に我が国において主権者の姿を捉えるとするならば、これまで繰り返し述べてきたとおり、君民共治という「歴史的事実」に求めるほかありません。

ただし同じ西洋といっても、イギリスの場合、フランスのような大陸国家とはかなり事情が異なります。

イギリスの正式名称は、グレートブリテン及び北アイルランド連合王国で、「連合王国」という言葉が示すとおり、現在のイギリスはイングランド、ウェールズ、スコットランドと北アイルランドの四つの国から成り、君主にエリザベス女王を戴《いただ》いています。

ただし、実際の権力は議会にあり、王は憲法の制約を受けています（イギリスの場合は不文憲法、前章参照）。このような混合政体を「立憲君主制」と呼びます。

中世以来、イギリスでは国王（女王）と議会の話し合いによって国が運営されてきました。その原点は、フランスのノルマンディー公ギヨーム二世によるイングランド征服（ノルマン・コンクエスト／一〇六六年）にある、と考えられます。もともとギヨーム二世はフランスの貴族でしたが、ドーバー海峡を渡って当時のイングランド王を敗死させると、ウィリアム一世（征服王）として新しい王朝（ノルマン朝）を創始しました。

普通であれば、戦争に勝った人物が王になったら民衆は武力の前に服従するしかありません。しかしウィリアム一世は「外来の王」であり、フランス語しか話せなかった。そのためイングランドの民を服従させようとしても言葉が通じず、逆につまみだされるのではないか、という恐怖心もあったのでしょう。

しかし、ウィリアム一世はバランス感覚に優れた人でした。その土地の伝統、慣習を尊重することによって、自分の統治を認めさせることに成功したのです。察するに、おそらく臣従した民とのあいだでウィリアム一世は次のような会話をしたのではないか、と想像します。

「今日から朕《ちん》はイングランドを治めることになった。もとはフランスの貴族であり、私のことを知らない人もいるだろう。だが、これまであなた方が守ってきた祖法は尊重する。だから私を王として認めてほしい。その代わり税金を納めてくれれば、いままでとあまり大きな変化はないから安心してほしい……」

君と民が不可侵の領域を互いに認めれば、揉め事が起きる確率は下がります。有名な「君臨すれども統治せず」という君主の統治形式はイギリス発祥だといわれますが、それはまさに「外来の王」であったウィリアム一世の政治姿勢に端《たん》を発すると考えられます。以後、君民不可侵の均衡《きんこう》を無視して崩してしまった王は、必ず反乱や処刑の憂《う》き目に遭《あ》っています。それを見た次の王は、再びウィリアム一世流の統治手法に立ち返って政治が均衡状態に戻る。イギリスではこのような循環により、王と議会の関係が調和してきた歴史があります。

次章では、イギリスならではの政治史についてさらに詳しく触れ、われわれ日本人が学べる点について述べたいと思います。

第六章

イギリスの保守主義とは

◉――イギリスの議会政治の始まり

「君臨すれども統治せず」。君と民の力が「均衡」するイギリスならではの政体を指す言葉です。前章では、もともとこれは「外来の王」であるウィリアム一世（ノルマンディー公ギヨーム二世）の政治姿勢に端を発するのではないか、と述べました。

フランス貴族のウィリアム一世が海を渡り、当時のイングランドを征服した際（一〇六六年）、従来の伝統や慣習、権益を尊重する方針を掲げたのは賢明でした。また、互いに言葉すら通じない「緊張」関係にあったことで、両者のあいだに適度な「均衡」が生まれ、被征服民もひとまず抵抗せず、統治に服することになりました。

イギリスには伝統的に、専制政治を行なう王が現れて君民の「均衡」が崩れると、ウィリアム一世のような統治者が現れ、揺り戻しが起きて元の状態に戻る、という「法則」があることが分かります。

さらに時代を下ると、この統治の「均衡」を調整する役割を議会が担うようになります。

たとえばウィリアム一世の曾孫、ヘンリー二世の五男である国王ジョン（在位一一九九〜一二一六）は、父親から領地を相続しなかったことから、「欠地王」と呼ばれた人物です。ジョンはフランス国王フィリップ二世との戦争中、戦費を賄《まかな》うために臨時課税を繰り返しました。挙げ句の果てに、大陸のイギリス領土をほとんど失うという失態を犯しました。

諸侯はジョンを今度は「腰抜け王」と侮蔑《ぶべつ》し、イギリスは内乱状態に陥ります。そこで自らの不利を悟ったジョンは、諸侯に諮《はか》らずに王が従来の慣習を破ることを禁じた「大憲章」（マグナ・カルタ）への署名に同意します。さらに課税にあたっては、諸侯や中小領主（騎士）だけでなく、都市の代表からも広く意見を集めることが要請されました。

この「大憲章」は、一から新たな法律を制定したのではなく、君民の「均衡」が保たれた時代を顧みて、過去に戻ろうとする精神から成立したものです。イギリスには、フランス革命のように旧体制を完全に破壊せず、社会が混乱に陥ったときこそ、古きよき時代に還ろうとする「保守の精神」があります。

ところが、国王ジョンは「大憲章」をすぐに破棄してしまいます。そして懲《こ》りずに専制を再び強め、内乱が勃発しました。このような所業からイギリス史上最低の王とも評されるジョンですが、彼は内乱中、あっけなく病死してしまいました。

幼くして父の王位を継いだヘンリー三世（在位一二一六～七二年）は、諸侯との会議（諸侯大会議）を重大政策の決定機関として位置付けました。これこそ、今日まで八百年にわたって続くイギリスの議会政治の始まりを示すものです。

◉――国王の処刑と名誉革命

十七世紀に入ると、イギリスでは再び王権を強める王が現れました。スコットランド・ステュアート家出身のジェームズ一世（在位一六〇三～二五年）です。ジェームズ一世は「神から授かった王権は国民に拘束されない」という王権神授説に基づき、議会を無視した政治を行ないました。

これに対して議会が国王に提出したのが、庶民院議長を務めたエドワード・コークの発案による「権利の請願」です。内容は、イギリス国民に保障されていた権利を国王に再確認させるためのものでした。コークは国民の権利を保護することにより、君民間の伝統ある「均衡」を取り戻そうとしたのです。

しかしジェームズ一世の息子・チャールズ一世（在位一六二五～四九年）はさらに議会無視の姿勢を見せました。ここに王の権利を守ろうとする王党派と、王の専制政治に反対する議会派との内乱が勃発します。チャールズ一世は戦いに敗れ、議会派のなかでも強硬な独立派を率いたクロムウェルによって、一六四九年一月に処刑されてしまいました。

クロムウェルは一六五三年、終身護国卿として軍事的な独裁体制を敷きます。しかし一六五八年に彼が没すると、再びイギリスは混乱に陥りました。「やはり王がいないと国がまとまらない」ということで、チャールズ一世の息子が迎えられ、チャールズ二世（在位一六六〇～八五年）として即位しました。

ところがチャールズ二世だけでなく、彼の死後に王位を継いだ弟のジェームズ二世（在位一六八五～八八年）も再び議会無視の専制政治を行ない、イギリスにまたもや内乱の危機が迫ります。しかし、「もはや国民の信望を失った」と判断したジェームズ二世が自ら国を去ることで、流血の惨事はかろうじて避けられました。後継にはオランダ総督のウィリアム三世（オレンジ公ウィリアム）が、王として迎えられました（在位一六八九～一七〇二年）。いわゆる名誉革命です。

さらに一六八九年、議会は国民の財産・生命の保護を定める「権利の章典」を定めました。王は元首として国の統治権をもつけれども、実質的な政治的な権力は議会にある、というイギリスの「立憲君主制」はここに一つの完成を見た、といえるでしょう。

◉──ダイアナ妃の事故死で起きた国民との亀裂

近代に入り、フランスをはじめ多くのヨーロッパ諸国で王政が次々に打倒されるようになっても、イギリスの「立憲君主制」は揺らぎませんでした。十九世紀から二十世紀初頭、イギリスは「世界の工場」「最強の海軍国」の名の下に覇権を確立しました。イギリス王室もこれで安泰だと思われたことから、「世界から王がいなくなっても、トランプの四枚のキングとイギリスの国王は残るだろう」とさえいわれました。

とはいえ、イギリスの王権は必ずしも盤石《ばんじゃく》ではありませんでした。立憲君主制はあくまで君民間の「均衡」の上に成り立っているにすぎず、意外と脆《もろ》いところがあるからです。

現代の出来事でいえば、一九九七年八月、パリで事故死したダイアナ元皇太子妃に対するエリザベス女王の態度が、国民とのあいだに亀裂《きれつ》を生んだことがあります。

当時のブレア首相が「ピープルズ・プリンセス（国民の皇太子妃）」という言葉でダイアナ妃の死を悼《いた》んだのとは対照的に、エリザベス女王はスコットランド北部の別荘・バルモラル城に閉じこもったまま弔意《ちょうい》を示しませんでした。女王の対応はあまりに冷たいのではないか、とイギリス国民が憤慨《ふんがい》したのです。

よく知られるように、ダイアナ妃はたいへん人気のある方でした。チャールズ皇太子とお揃いで来日した一九八六年当時、私はまだ小学生でしたが、日本中が連日、大フィーバーに沸いたことを覚えています。チャールズ皇太子と離婚したあとも慈善活動に熱心で、国民に慕われていました。離婚についてはチャールズ皇太子の浮気が原因といわれていて、イギリス国民は悲劇のプリンセスに対して哀惜《あいせき》の念を深めまし

1986年、京都を訪れたチャールズ皇太子とダイアナ妃（写真提供：Avalon/時事通信フォト）

た。その反動もあって、エリザベス女王への批判が強まったのかもしれません。一時は国民のあいだで王室の廃止派が存続派を上回りましたので、当時のイギリス王室は存続の危機にあったわけです。

ブレア首相がエリザベス女王に進言し、最後にはこれを受け入れてテレビカメラの前でダイアナ妃への弔意を述べ、バッキンガム宮殿に半旗を掲げました。イギリス王室の伝統にはない習慣でしたが、国民の批判をかわすべく、決断したものです。もしエリザベス女王が進言を拒み続けていたら、はたしてイギリス王室はどうなっていたでしょうか。

◉──共同体の統治を安定させる慣習法の伝統

ダイアナ妃の一件を見ても、イギリス王室は未来永劫、安泰とはいえないことが分かります。前述のように、「外来の王」ウィリアム一世以来、イギリスの王室は国民とのあいだの「均衡」によって成り立ってきました。その原則は現在も変わっていません。

統治の均衡という伝統を持つイギリスで、君民ともに尊重すべきと考えられてきたのが、慣習もしくは慣習法です。慣習法とは、文書の形式を備えていない不文法の一種で、社会の構成員に従うべき規範の意識を抱かせることにより、実質的な法機能を司《つかさど》るものです。

具体的な例で説明しましょう。たとえば、村の奥に里山があるとします。そこで採れるキノコや木の実は、何百年も村の共有財産として扱われるようなことがあります。そのことは明文化されていなくても、いわば現地の法として守られているのです。権益を互いに侵さないことで、共同体の統治を安定化させる慣習法の伝統がイギリスには根強くあります。

長谷川三千子先生の『民主主義とは何なのか』は、イギリスにおける慣習法の意義について次のように解説しています。

「英国の国政の基盤となるべき慣習法は、そのような一見してただちに明確な根拠が存在しないように見える。そもそも慣習法とは、何時、誰が定めたものか分らず、その起源は知る由もないというものだからである。ところが、まさにその起源が知られざるものである――immemorableなものである――というところにこそ、慣習法というものの本質があり、その正しさがあるのだ、としたのが十七世紀英国の大法官エドワード・コークであった」

「ただちに明確な根拠」とは、神が定めたことを根拠として成り立つ法を意味します。キリスト教社会のヨーロッパでは、神の意思は絶対であり、王が定める法律は神の意思を反映したものであるから「正しい」。これが王権神授説の論理でした。

他方、国王の専制政治を批判した「権利の請願」を発案したエドワード・コークは、慣習法の正しさの根拠を「それが慣習法であること」自体に求めています。慣習法は慣習法であるがゆえに「正しい」というわけです。それはどういうことか。

幾百年の風雪に耐え、一度も途絶えずに受け継がれてきた慣習法には、その国や地域における先人たちの知恵が結晶化されています。慣習法はたんに正しいだけでなく、後世に生きる人間が先人たちの歩んだ歴史に思いを馳せ、その遺徳を偲《しの》ぶという点で意味があり、尊ぶべきものなのです。

◉――「保守主義の父」エドマンド・バーク

世界最古の国に生きる日本人であれば、なおさら慣習法のような「保守の精神」を大切にしてほしいと思います。とりわけアイルランド生まれのイギリスの政治学者であり、「保守主義の父」といわれるエドマンド・バークが残した警鐘には、深く耳を傾けるべき価値があるでしょう。

バークは著書『フランス革命の省察』のなかで、慣習法や伝統が大切なのは、それが社会秩序を維持するモラルやマナー、ルールの元になっているからだと述べています。国民が慣習法を守らずして国家が自由や平等を守るのは不可能だ、ということで

エドマンド・バーク
（写真提供：GRANGER/
時事通信フォト）

す。

さらに自由や平等を守ることと、伝統や慣習を守ることは矛盾しません。慣習や伝統を安易に否定して全面的な改革を進めた場合、われわれを待つのは自由や平等を破壊する混乱と無秩序、破壊だけだからです。

フランス革命がまさにそうでした。旧体制の急激な破壊を求めた結果、国は大混乱に陥《おちい》りました。多くの国民が内戦で命を落とし、国王だけでなく、多くの国民が反革命罪の濡れ衣を着せられ、ギロチン台に送られました。革命時のフランスに自由や平等がまったくなかったことは、歴史の皮肉というほかありません。

バークは、このような隣国の惨状を見て『フランス革命の省察』を書いたのです。同じ民主主義国でも現在、フランスが伝統や社会秩序より個人の理性や権利を重視する傾向があるのに対し、イギリスでは個人の理性や権利より、伝統や社会秩序を重んじる風潮が強い。その根底には、バークら保守主義者の思想が横たわっているのです。

◉——国民世論の「変わり身の早さ」

では、現代の日本はどうなのか。日本人は平成の三十年間を政治改革や構造改革の連呼のうちに過ごしてきました。その半面、慣習法や伝統を軽視する姿勢に傾くことで、われわれは国の存立自体を危うくしてはいないでしょうか。バークが指摘するように、伝統や慣習が破られれば、国民の自由や平等もまた揺らがざるをえない。

大学卒業後、学者への道を歩んでいたわけではなかった私が、民主主義や憲法について学び直すきっかけになったのは、小泉政権下の平成十七年に皇室典範に関する有識者会議が設置され、女性天皇や女系天皇を認めるか否かをめぐり、国を挙げて大論争になったことでした。

当時、「愛子さまが天皇になってもいいじゃないか」「男女同権の時代、女性が天皇でも問題ない」という世論が新聞やテレビで広まり、そうした声に有識者が賛同する光景に恐ろしさを感じたのです。

旧皇族の家に生まれた人間として何とか一石を投じなければ、という思いから、処女作『語られなかった皇族たちの真実』（二〇〇五年／小学館）を上梓《じようし》したところ、テレビ出演などで自説を述べる機会が増えました。そこで「もし男系の血筋を引かない者が天皇になれば、天皇の血統原理が変更されることになり、天皇の正当性が揺らぐことになる。二千年に及ぶ男系継承の伝統に対して男女同権を主張しても、何の意味もないことを知ってほしい」と訴えたのです。

当時、私が驚いたのは、皇室や皇統に関する識者の基本的な知識の欠如に加え、国民世論のあまりの「変わり身の早さ」でした。

メディアで自説を述べるようになってから、皇室典範の改正に賛成する人の割合は急激に低下しました。しかし私は同時に、女系天皇が歴史上、存在しなかったことが国民にどこまで理解されたのか、不安を抱きました。今後、同様の急変ぶりでいつ何時、女系天皇の容認論が蒸し返され、皇室典範の改正を求める声が多数派にならないとも限らない。今後も同様の主張を続けていかなければならない、と危機感を覚えています。

◉——日本国民の倫理はどこから来たか

そして日本の伝統と慣習を考えた際、天皇の存在こそが、二千年来変わることがなかった我が国の慣習であり、伝統そのものであることに気付きます。

天皇の権限について明記したのは、明治二十二年（一八八九）に制定された大日本帝国憲法が最初です。それ以前に明文化されたものはありませんが、二千年以上にわたり皇室が存続してきた事実が、天皇の存在の正しさを自ずと証明しているのです。

世界史を通覧すれば、いかに日本は平和で安定した時代が長かったかが分かります。また、東日本大震災時に世界が賞賛したように、大災害のさなかでも整然と社会秩序が保たれていました。

この、諸外国が羨《うらや》むべき日本国民の倫理（エートス）がどこから来たかといえば、答えは戦後に始まった自由教育や平等教育には求められません。本家である西洋社会の秩序が、いまや乱れる一方だからです。

日本人がもつモラル、マナー、ルールの源《みなもと》は、やはり父祖から脈々と受け継がれてきた伝統的価値観に見出すべきでしょう。たとえば「もったいない」や「いただきます」のように、我が国ならではの価値観を示す日本語がたくさんあります。

●──皇室は我が国の中心に位置する価値

先ほど慣習法や伝統を守ることは、個人の自由や平等を守ることと矛盾しないと述べました。さらに慣習法や伝統を守る行為は、じつは「創造」や「革新」とも矛盾しないのです。

たとえば毎春、天皇陛下が皇居の水田に稲をお植えになる「お田植え」という行事があります。そして秋になると陛下自ら稲の刈り取りをなさり、神々にお捧げになります。実りへの感謝とともに、来年の五穀豊穣《ごこくほうじょう》をお祈りになります。

天皇の祈りの眼目が五穀豊穣であることには、意味があります。他国から食糧を輸入できる現代とは異なり、かつては凶作で何万、何十万人もの餓死者が出る時代があったからです。天皇陛下が神々にお祈りになるにあたっては、自ら栽培なさったお米であるほうが感謝の意を捧げやすく、より丁寧なお祭りになります。このように天皇が国民の生命を親身にお考えになっていることは、国民にとってもまことに有難いことです。

じつは、歴代天皇のなかで「お田植え」を初めてなさったのは昭和天皇でした。歴代百二十五代の天皇のうち、第百二十四代の昭和天皇によって皇室の行事のなかに新しい伝統が創造されることになったわけです。さらに驚くのは、今上陛下はその伝統にさらに革新を加え、種籾《もみ》を蒔《ま》くところからお始めになったことです。こうして新たな伝統が創造され、革新が繰り返されていくのです。皇室が続くかぎり、このような伝統の創造と革新は永遠に続いていくことでしょう。

慣習法や伝統を、旧来の風習に縛られた固定的なものと考えるのは間違いです。古来、日本は大陸や半島からさまざまな文物を輸入し、影響を受けてきました。さらに近代以降、西欧の憲法や議会といった制度を自ら積極的に学びにいったことで、日本はいち早く近代化を成し遂げ、同時に西洋の植民地にならずに済みました。

建国から現在までの二千年以上、日本が一つの王朝を保ってきたのは、たんに伝統を墨守《ぼくしゅ》するだけでなく、それを命懸けといってよいほどの真剣な態度で更新し続けてきたからでしょう。伝統の創造と革新のなかで、無価値なものは時間の流れのなかで淘汰《とうた》され、真に価値あるものが守られる。その「真に価値あるもの」が何かを見極めることが大切です。

そして我が国の中心に位置する価値こそ、二千年にもわたる皇室の存在、そして天皇と国民の絆であることは、われわれ日本人にとって疑いようがありません。皇室を全力で「保守」することが日本社会の安定と発展を維持し、個人の自由や平等を守ること、すなわち同胞の幸せにつながる。これもまた疑いようのない真理なのです。

第七章

「啓蒙せよ」とルソーはいった

私は先に、伝統を守ることと創造や革新という行為は必ずしも矛盾しない、と述べました。以下、その象徴的な例を紹介したいと思います。

◉――約三百年の壮大なプロジェクト

約千四百年前の第四十一代持統《じとう》天皇の御代から、伊勢の神宮では二十年に一度、御社殿を建て替える式年遷宮《しきねんせんぐう》の儀式が行なわれてきました。必要な檜《ひのき》の本数は約一万三〇〇〇本、植林面積にして約一万㎡。神宮の式年遷宮の木を切り出す山を御杣山《みそまやま》といい、当初は神宮周辺の森が指定されていましたが、森林資源の枯渇《こかつ》によってその後、木曾《きそ》（現・長野県木曽町）に移りました。

しかし、明治天皇の時代に木曾の御杣山も木が枯渇しそうになりました。神宮の御《ご》正殿《しょうでん》の柱は直接、地中に建てる掘立式という形式で、檜が朽ちるのが早い。

そこで明治三十七年（一九〇四）、当時の政府高官が掘立式をやめて礎石《そせき》の上に柱を建てる方式に改めれば檜を保全できる、と考えて明治天皇に内奏しました。しかし、明治天皇は「現在のこの建て方はまったく永世不変のものでなくてはならぬ」として、変更を決してお認めになりませんでした。これは、伝統を変えることを議論するのではなく、伝統を守ることを議論せよという明治天皇のお考えが示されたものです。

その後、大正天皇の御代である大正十二年（一九二三）、式年遷宮の御造宮用材を再び神宮の森で賄《まかな》うため、植林が開始されました。その宮域林《きゅういきりん》から初めて切り出されたのは平成二十五年（二〇一三）の式年遷宮のときで、植林を開始してからおよそ九十年の年月が経過しています。それぐらいの樹齢がないと、式年遷宮の御造営用材としては使えないのです。このとき、植林のおかげで御造営用材全体の二割に当たる木を切り出すことができました。

次の式年遷宮は二〇三三年ですが、三割ほどを神宮の宮域林から賄える見込みです。しかし、御造営用材には樹齢四百年ほどの太い木も必要であり、すべてを賄うにはあと約三百年はかかる計算です。この間、植林も並行して行ない、すべてが完成するには大正時代から数えて四百年かかる、という壮大な計画です。

大正時代の日本人は、明治天皇の「伝統を途絶えさせてはならない」という思し召《おぼ》《め》

しを受けて式年遷宮の困難な挑戦に取り組み、見事に達成しました。現代のわれわれにも、先人の思いを「保守」し、次代に受け継ぐ責務があります。

伝統を守ることは、たんに現状を維持することとは異なり、壮大かつ創造的で、果敢な行為です。そして守るべき伝統の中心に位置するのは皇室の存在であり、天皇と国民の絆であることが、この式年遷宮の例からも分かると思います。世界最古の歴史を持つ我が国には、伝統の長さに比例して守るべき価値や慣習がそれだけ多い、といえるでしょう。

◉──性急な社会改革の愚かさ

我が国と同じく、長い伝統や慣習を重んじる風土を持つのがイギリスです。旧体制を徹底的に破壊した結果、社会が大混乱に陥ったフランスの惨状について、「保守主義の父」エドマンド・バークが書いたのが、先に紹介した『フランス革命の省察』です。

バークが指摘する性急な社会改革の愚かさについて、長谷川三千子先生は『民主主義とは何なのか』で以下のように鋭く指摘しています。

「神ならぬ身の人間の場合には、『かくあれ』と命じた結果が、必ず『それは良かった』ということになるなどということはありえない。かの孔子ですら、『心の欲する所に従って矩《のり》を踰《こ》えず』という境地に達しえたのは七十歳になってからのことであった。孔子でもなく、七十歳になってもいない人間たちが、『国民が欲するということだけで十分なのだ』と主張したりしたらどんなことになるか――考えるだに怖しいことになりそうである」

いうまでもなく孔子は儒教の祖であり、聖人君子として崇《あが》められた人です。その孔子のような人間ですら、自分が考えたとおりに行動して正道を踏み外さなくなったのは七十歳になってからだ、というのです。ましてや選挙権を与えられたばかりの二十歳前後の若者がすぐに分別のある行動を取れるかどうかは疑わしい。投票における選択など、むしろ正しい判断を期待するほうが誤りでしょう。

よい政治には年齢のいかんを問わず、国民一人ひとりに、自分の判断が間違っていないか、つねに謙虚に振り返る姿勢が求められます。国民のなかに自分の無知を嘆き、学び続けるという気風が失われれば、民主主義はたちまち衆愚《しゅうぐ》政治に堕《だ》してしまいます。ポピュリズムが孕《はら》む危険については、古代ギリシャの時代から指摘され続けてきました。

◉――異例の「国会空転劇」

戦後日本の風潮として、「民主主義は素晴らしい制度だ」とプラス面を強調するばかりで、運用次第で国政に悪影響を及ぼすマイナス面はまったくといってよいほど言及されません。しかし現代の日本では、民主主義に基づく正しい政治が本当に行なわれているのか。私は、はなはだ疑問です。

たとえば平成三十年（二〇一八）春、森友・加計《かけ》問題に関連して、立憲民主党などの議員が麻生太郎財務相の辞任や柳瀬唯夫《やなせただお》・元首相秘書官の証人喚問を求めて審議を拒否し、国会を十八日にもわたって休む異常事態が発生しました。

メディアはこれを「十八連休」と呼んで非難しましたが、とくに私がひどいと思ったのは当時、政府が提出した生活保護法の改正法案に、野党が対案を出していたことです。対案を提出しておきながらその提出者が国会を休むなど、我が国の憲政史上初めてのことでした。そのため、政府案と対案について何ら議論されることなく、与党の議員だけで生活保護法の改正法案が採決されてしまったのです。まさに前代未聞の惨事で、憲政史上の汚点となったことは間違いありません。

北朝鮮危機や米中貿易戦争など、世界情勢が緊迫するなかで起きた異例の「国会空転劇」を目《ま》の当たりにし、国民は野党への失望を強くしました。野党の支持率は続落し、陰湿《いんしつ》な国会戦術が裏目に出てしまった格好です。国会の周辺で「民主主義を守れ」とデモ行進していた人びとは、この「憲政史上の汚点」についてどう考えるのでしょうか。

近年の日本の国会のように、野党が政府にまともな対案をぶつけることなく、いたずらに審議を遅らせるだけであれば、議員は国民および民主主義に対して何らよい影響を与えません。いわば税金の無駄使いであり、野党などないほうがましでしょう。

元来野党が存在する価値は、政府案を厳しくチェックすることにあります。与党とは異なる価値観や国家観から、法案の問題点を洗い出す可能性を本来、秘めているのです。「どうしたら法案がもっとよくなるか」という視点で政府案を検証し、意見や対案を述べる提案型の野党は、民主主義を正しく機能させるために不可欠な存在だといえます。

古くは孔子も指摘したように、人間とはいかにも不完全な存在です。不完全な人間が作った法案は、これまた不完全にちがいない。ましてや民主主義においては多数派の意見が通るのですから、与党がつねに慢心に陥らないように野党がしっかり監視し、正しい道に導くことこそ、本当の役割ではないでしょうか。

繰り返しますが、与党だけでは不完全なものになりかねない法案の不備を野党が埋めることができれば、民主主義としては最良の意思決定につながります。「真っ当な野党」が存在しなければ、日本の民主主義は機能しないのです。

◉──「ポスト真実の政治」の横行

結局のところ、民主主義で大事なのは「誰の法案が通るか」ではありません。「いかに正しい法案に辿《たど》り着くか」が問われているのです。だからこそ野党の存在を含めて、国会における慎重な議論が重要です。検証の過程を重んじなければ、民主主義国家は「多数派の専制」に陥り、国民の統合どころか分断を進めてしまう恐れが生じます。

たとえばイギリスでも、ブレクジット（イギリスのEU離脱）はとても熟議を尽くしたとはいえないものでした。二〇一六年に行なわれた国民投票の結果は離脱派五一・九%、残留派四八・一%という僅差《きんさ》であったうえ、投票の過程では離脱派、残留派ともに根拠のない極論の応酬となり、国内の亀裂はいっそう深まることになりました。「ポスト真実の政治」という新語が生まれたのもこのころで、客観的な事実よりも個人の感情に訴えることで支持を集めようとする悪しき政治風潮が、世界中に広がりました。

アメリカでも、二〇一六年の大統領選で共和党のドナルド・ドランプ氏が移民の排除など有権者の感情に訴え、民主党のヒラリー・クリントン氏に勝利しました。選挙戦の過程で広まった言葉が、ご存じの「フェイクニュース」。いまやアメリカにおける保守とリベラルの対立は激しくなる一方で、民主主義国アメリカの分断がいっそう加速していることが窺《うかが》えます。

◉――ルソーが唱えた「一般意志」とは

民主主義で異なる意見が対立した際、投票による採決は公平な手法と見なされます。たとえ僅差であっても、多数の票を得た政策が実行されます。これが多数決のテーゼです。

しかしその一方で、投票に敗れた少数派が衰退の一途を辿るかといえば、必ずしもそうではありません。マイナーな勢力であることが社会に明らかになった時点で、逆に「われわれは多数派に屈せず、有権者の多様な声を吸い上げる存在である」という「正義の御旗《みはた》」を手に入れるからです。ここから、日本の野党やメディアのように「民主主義を守る」という御旗の下、選挙で支持を得たはずの政権与党を悪《あ》し様に語る、という奇観が出現するのです。

どのようなテーマであれ、国民全体の意見が完全な一致を見ることはありえない。である以上、右の事態は「国民が国民を支配する」という民主主義の形態に必然的につきまとう難問です。

この難問、矛盾をどう考えればよいのか。民主主義の孕《はら》む矛盾に一定の解を与えたのが、「国民主権」概念の基礎を作ったフランスの思想家ジャン・ジャック・ルソー（一七一二～一七七八年）でした。

ルソーが重視したのは、「一般意志」という考え方です。公共の利益のために人民が共有しているとする意志のことで、平たくいえば「皆が幸せになるための皆の意志」です。

国民が望む政治は、個人が置かれた立場や状況によって異なります。たとえば高齢者が「社会保障をもっと充実させてほしい」と思うのに対し、若者は「税金を下げてほしい」と思う。地方の居住者が「道路や空港を地元に作ってほしい」といえば、東京の居住者は「自分たちの払った税金を地方にばら撒《ま》くな」という。このような個人毎に異なる意志（＝特殊意志）をいくら集めたところで、正しい政治は行なわれない。そうルソーは述べるのです。

たしかに、国民一人ひとりが好き勝手に自分の欲求を押し通そうとすれば、民主主

ジャン・ジャック・ルソー
（写真提供：Bridgeman Images/時事通信フォト）

義は機能しません。国民はバラバラに分断された状態に置かれ、国家による庇護《ひご》も得られない。

そこでルソーは「公共の利益のためには私利私欲を捨てなければならない」と考えます。彼の考えは至極《しごく》もっともだとしても、神ならぬ人間がどうすれば自己の利益を求める意志（特殊意志）を捨て去り、「一般意志」を持つことができるのか。この点が重要です。

ルソーの主著『社会契約論』（岩波文庫）には、次のように書かれています。

「個人は、幸福はわかるが、これをしりぞける。公衆は、幸福を欲するが、これをみとめえない。双方ともひとしく、導き手が必要なのである。個人については、その意志を理性に一致させるように強制しなければならない。公衆については、それが欲することを教えてやらなければならない。そうすれば公衆を啓蒙した結果、社会体の中での悟性と意志の一致が生まれ、それから、諸部分の正確な協力、さらに、全体の最大の力という結果が生まれる」

私は第一章で、民主主義という「道具」は使い方次第で正しいものにも、危険なものにもなると述べました。民主主義を正しく使うには、国民一人ひとりに「理性」が求められる、とルソーは語っているのです。実際、私利私欲に囚われた「理性なき国民」が支配する民主主義ほど恐ろしいものはありません。感情に操られた人間の暴走は、二度にわたる世界大戦の惨禍《さんか》が証明するとおりです。

ただし、ルソーのいうように「公衆を啓蒙」すれば個人は成熟した主権者になる、という啓蒙主義の図式をそのままナイーブに信じることもできないでしょう。欧米のような民主主義の先進国でも、過激な主張で大衆の支持を集めるポピュリズムが蔓延《まんえん》しています。日本でも、一部のメディアが政権批判を煽《あお》って国会を空転させる愚行が繰り返されてきました。

国民主権の父ルソーが訴えたのは、「個人の理性と公衆の啓蒙なくして、公共の意志である一般意志は生まれない」という点です。少なくとも、この民主主義の第一原則というべき前提が日本国民に共有されているかといえば、まったくそうではない。むしろ「自分の欲求を政府に要求できるのが民主主義だ」と解釈する人が多いのではないでしょうか。とりわけ野党の議員には「本当に民主主義を知っていますか？」と尋ねてみたい思いです。

◉──不可侵の権利がなぜ与えられているのか

なお、以前に紹介した『第三身分とは何か』の著者シエイエスが唱える「国民の意思」という概念が、ルソーの「一般意志」の考え方を受け継いでいることは明らかです。実際『社会契約論』をはじめルソーの一連の著作はフランス革命に大きな影響を与え、革命の功績者として彼の遺体はパリのパンテオン（万神殿）に安置されています。

ただし、ルソーは「一般意志が過《あやま》たないためには、個人の理性や公衆への啓蒙が大事である」と述べていたのに対し、シエイエスにはそのような反省的姿勢はありませんでした。シエイエスが唱える「国民の意思」の概念はつねに「至上かつ最高の法」であり、国民そのものを「神」に代わる存在と捉えていたからです。しかし、彼がそう断定するに至った根拠はとくにありません。

主張の根拠となる裏付けがない、という意味では、フランス革命の最中に出された「人権宣言」も同じです。人権宣言の前文には「国民議会として組織されたフランス人民の代表者たちは、人権の不知・忘却または蔑視が公共の不幸と政府の腐敗の諸原因にほかならないことを鑑みて、一の厳粛な宣言の中で、人の譲渡不能かつ神聖な自然権を提示することを決意とした」と高らかに謳《うた》われています。でも、神聖な自然権なるものがどうして国民に与えられたのか、宣言のどこを読んでも合理的な根拠は示されていません。

フランスの人権宣言に影響を与えたアメリカの「独立宣言」についても、同じことがいえます。「われわれは、以下の事実を自明のことと信じる。すなわち、すべての人間は生まれながらにして平等であり、その創造主によって、生命、自由、および幸福の追求を含む不可侵の権利を与えられている」という一文はあまりにも有名ですが、不可侵の権利（人権）がなぜ人類に与えられているかについては「自明」と述べるのみです。

では、日本国憲法はどうでしょうか。たとえば、第二五条には「すべて国民は、健康で文化的な最低限度の生活を営む権利を有する」とあります。まことに有難い権利ですが、ではいったい誰が、どういう経緯でその権利を日本国民に保障してくれるようになったのか。教育の場で教わった人は少ないはずです。

極論に聞こえるかもしれませんが、たとえば仮に飢えた猿を見つけたとして、「猿には生まれながらにして必要最低限の生活を送る猿権（？）があるはずだ」と思う人はまずいません。なのに、人だけはなぜ人間に生まれたというだけで、諸々の権利が賦与《ふよ》されるのか──。

次章では、われわれが当然のものとして享受《きょうじゅ》しながら、成立の根拠を考えたことがない「人権」というものの「自明性」にあえて疑いの目を向けることで、民主主義の内実を探っていきたいと思います。

第八章

西洋の人権は神が与えたもの

◉——西洋由来の概念を翻訳した「和製漢語」

日本国憲法は思想・表現の自由などの「自由権」や生存権などの「社会権」、「参政権」や国・公共団体に対する賠償請求権などの「受益権」を人間が生まれながらにして持つ権利として保障しています。これらを総称して「基本的人権」と呼びます。

われわれは普段、意識せずに人権や権利という言葉を使っていますが、それらはどのような経緯で日本国民に与えられたのでしょうか。ここからは、人権や権利の成立の根拠について考えてみたいと思います。

もともと「権利（right）」という概念は日本にはなく、明治維新のころに新しく生まれた言葉です。権利のように、西洋由来の概念を翻訳する目的で新たに漢語に置き換えた言葉を「和製漢語」と呼びます。

たとえば「共和国（republic）」や「自由（freedom）」「演説（speech）」などの言葉は江戸時代の日本にはなかった概念で、当時は盛んにこのような和製漢語が作られました。身近なところでは「電話」もそうです。Telephoneの機能を、漢字二文字の組み合わせによって上手に表現していると思います。

アジアのなかでも先んじて近代化に成功した日本は、西洋由来の概念を漢語に置き換えて翻訳する能力に長《た》けていました。そのため漢字の本家である中国でも、日本製の和製漢語の多くがそのまま使われるようになりました。現在、中国語における社会科学や自然科学系の用語のうち、約七割が和製漢語だといわれています。そもそも「中華人民共和国」という国号からして、中華の二字を除けばすべて和製漢語で成り立っています。

◉——権利と義務は一体の概念

とはいえ、和製漢語のなかにも必ずしも原語のニュアンスを伝えきれていないものがあります。たとえば、「権利」がまさにその典型です。

権利は「right」の和製漢語ですが、rightは「権利」の意味だけではなく、That's right.のように「正しい」という意味も含む多義的な言葉です。両方の意味を持つことから言葉の成立過程で「権利の行使」には「正しいこと」という概念の制限が同時に付与されていた、と考えなければなりません。

実際、民法一条三項にも「権利の濫用は、これを許さない」とあります。「正しさ」に裏付けられていない権利の身勝手な行使は認められない、という主旨です。

こうした権利の本質を、長谷川三千子先生は『民主主義とは何なのか』でじつに的確に指摘していらっしゃいます。

「実はよく考えてみると、もともと、『権利』とは相対的な概念である。『人権宣言』の前文にも、この宣言の意図するところは、『社会統一体のすべての構成員がたえずこれを目前に置いて、不断にその権利と義務を想起するため……である』とあるとおり、ふつうわれわれの日常生活において『権利』と『義務』とは背中合わせになっていて、何か或る義務をはたしたらば、その結果として権利が生ずる、というかたちになっている」

また、フランスの「人権宣言」（一七八九年）にも、権利と義務は一体の概念として捉えられています。両者が「背中合わせ」の関係にあるのは、まさに権利という概念が「正しい」という意味を含む証左でしょう。

原則として権利と義務が一体の関係である、というのは、われわれの日常生活でも実感されることです。たとえば労働者と雇用主の契約関係において、労働者は「一カ月の労働」という義務を果たすことで、雇用主から「給与」を貰《もら》う権利が与えられる。逆にいえば、「給与を貰う」権利なくして「ただ働き」の義務もありません。権利と義務は絶えず背中合わせの関係にあるのです。

このことは国家と国民の関係においても同様です。たとえ憲法に明文の規定がなくとも、国家を支えるために不可欠の国民の義務はあって然るべきなのです。

●——権利は訴えるべき相手を必要とする

さらに「権利」という概念について、長谷川先生はもう一つ重要な点を指摘しています。

「実は、さらにもう一つ別の意味においても、この『権利』の概念は相対的である。
つまり、それは常に訴えるべき相手を必要とするのである」（『民主主義とは何なのか』）

たとえば、前述の労働者と雇用主の契約関係を考えてみましょう。仮に給与の遅配や理由のない解雇などによって労働者の権利が侵害されたとき、雇用主は労働者から訴えを受ける対象となります。このとき重要な点は、権利というのは、それを要求する「相手」がいて初めて成り立つ、ということです。つまり権利とはあくまでも相対的な概念であり、いくら自分の権利が侵害された、と声を上げたところで、訴える「相手」がいなければ当然、権利を行使することはできません。

では、日本国民はいかなる相手に対して憲法上の権利を主張し、要求できるのでしょうか。いうまでもなく、それは日本政府です。日本国憲法第二五条では「健康で文化的な最低限度の生活を営む権利」が国民にある、と記していますが、権利を保障する主体は政府にあります。端的にいって、仮に無国籍のまま無人島で過ごしている人間がどれほど「非文化的」で「最低限度以下」の生活を送っていたとしても、誰にも生存権を主張、要求することはできないのです。

◉――日本国憲法の「人類」が指しているのは誰か

すでに述べたとおり、「権利」はrightの和製漢語であり、明治期に西洋から日本に入ってきたものです。さらに、基本的人権の基礎となる「人間は生まれながらにして自由・平等であり、幸福を追求する権利がある」という考え方自体も、同じく明治期に欧米から輸入されました。もとはフランスやイギリスの啓蒙思想家や自然法学者が唱えた概念が、福澤諭吉らに「天賦人権説」として日本に紹介され、のちに自由民権運動の理論的支柱にもなったのです。

この点を理解したうえで、基本的人権の成立根拠について書かれた日本国憲法第九七条を読んでみましょう。

「この憲法が日本国民に保障する基本的人権は、人類の多年にわたる自由獲得の努力の成果であつて、これらの権利は、過去幾多の試錬に堪へ、現在及び将来の国民に対し、侵すことのできない永久の権利として信託されたものである」

じつは、右の記述はまったくの「嘘」だといえます。この条文における「人類」が指しているのは欧米の国民のことであり、日本の歴史とは無関係だからです。

たとえば、フランスには圧政に虐《しいた》げられた民衆が革命を起こして王を殺し、「国民が主役の国」を打ち立てた歴史があります。また、アメリカの独立は「代表なくして課税なし」という言葉が表すように、英国の王室から派遣された王の代理人を本国に追い返す眼目で行なわれました。ところが、日本には西欧のように闘争の末に人民が人権を獲得した歴史がない。本書で再三、述べてきたとおり、我が国において君（天皇）と民が対立したことは一度もありません。したがって、日本国憲法第九七条の「人類」に日本人が含まれているかどうか、歴史的にいえば疑わしい。少なくとも、何の検証もなしに鵜呑《うの》みにすることはできないはずです。

◉──大日本帝国憲法下でも人権は保証されていた

さらに、この条文にはもう一つ大きな問題があります。権利の獲得に際して「過去幾多の試練」に堪えてきた、という部分です。あたかも戦後ようやく日本人に人権が与えられたかのような表現ですが、現在と比較すれば不十分とはいえ、戦前の大日本帝国憲法下でも日本国民の人権は保障されていました。たとえば、それは以下の条文からも分かります。

第二二条　日本臣民ハ法律ノ範囲内ニ於テ居住及移転ノ自由ヲ有ス
第二三条　日本臣民ハ法律ニ依ルニ非スシテ逮捕監禁審問処罰ヲ受クルコトナシ
第二四条　日本臣民ハ法律ニ定メタル裁判官ノ裁判ヲ受クルノ権ヲ奪ハル、コトナシ
第二七条　日本臣民ハ其ノ所有権ヲ侵サル、コトナシ
第二八条　日本臣民ハ安寧秩序ヲ妨ケス及臣民タルノ義務ニ背カサル限ニ於テ信教ノ自由ヲ有ス
第二九条　日本臣民ハ法律ノ範囲内ニ於テ言論著作印行集会及結社ノ自由ヲ有ス

明治の日本は、「法律ノ範囲」という制限はあるものの、人権の概念を「天賦人権説」から受容し、早くも大日本帝国憲法の条文中にそれを取り込んでいました。そして帝国憲法の成立後、ほどなく二院制による議会政治が行なわれるようになりました。国民が政府と対立し、内戦を交えるようなこともありません。戦前日本の国民は、圧政に虐げられた卑小《ひしょう》な存在ではなく、「日本臣民」としての一定の権利が保障されていたのです。

にもかかわらず日本国憲法第九七条は、あたかも戦後初めて日本国民に基本的人権が与えられたかのように記されています。なおかつ言外に、人権がもたらされたのはアメリカの占領政策のおかげだった、といっているようにも思えます。戦後日本の知識人のなかには、アメリカ（ＧＨＱ）のプロパガンダに加担する者が少なくありませんでした。彼らの言論の影響により、「戦前の日本にも人権はあった」といっても信じない人がいまや国民の大半となってしまったのです。

維新と大戦終結の二度の機会に欧米型の人権の考え方が日本にもたらされましたが、元来日本には「大御宝《おおみたから》」と表現される日本型の人権の考えがあったこともまた事実です。

◉──西洋の人権は神が根拠

我が国の権利や人権の成立根拠に関して、日本国憲法は「人類の多年にわたる自由獲得の努力の成果」と記すのみです。それが日本の歴史と必ずしも同一ではないことはすでに述べましたが、権利や人権という概念が明治以降、日本に輸入されたものである以上、それらの成立根拠を探るには欧米の歴史的文書に当たるしかない、と思われます。そこで、フランスの人権宣言にも大きな影響を与えたアメリカの「独立宣言」（一七七六年）をつぶさに見ると、そこに権利なるものの成立根拠が明確に述べられていたのです。

「すべて人間は創造主によって、誰にも譲ることのできない一定の権利を与えられている」

これは創造主、つまり唯一絶対の神が人権の根拠であるという説明です。たしかにキリスト教社会の民にとって、神の名において人間が権利を与えられた、ということほど明確な根拠はないでしょう。

他方、フランスの「人権宣言」の記述はどのようになっているでしょうか。前文にはこうあります。

「国民議会は、至高の存在の面前でかつその庇護《ひご》の下に、つぎのような人および市民の権利を承認し、かつ保障する」

「至高の存在」とはきわめて分かりにくい表現ですが、これは「神の存在」を意味し

アメリカ独立宣言の署名(写真提供:GRANGER/時事通信フォト)

ます。フランス革命の歴史は、貴族（第一身分）や聖職者（第二身分）の特権を否定し、第三身分たる国民が「神」のごとき主権を持ち、憲法を制定するというものでした。神の代わりに国民を絶対的存在に据《す》えたのですが、国民の権利を「至高の存在」という絶対的存在に依拠している点で、じつはアメリカの独立宣言とまったく同じなのです。

そもそも、権利や人権あるいは国民主権の概念は「君主の統治権は神から授けられたものである」という「王権神授説」を乗り越えるために生まれたものです。そこで唱えられたのが、ルソーの「社会契約論」

でした。国家は国民の合意（契約）によって作られるという一種のフィクションであり、「神」を持ち出さずに国民（人民）の平等と諸権利を説明しようとしたのです。

ところがアメリカの独立宣言やフランスの人権宣言では、一度退けたはずの神が復活している。しかし国民が「神」に頼らずに築いたはずの国家で「国民の権利が神に由来する」というのは、論理的に繋《つな》がりません。人権という概念を権威付けるために、神を持ち出したことによる矛盾が表れている、といえるでしょう。

◉──仏教の教えから外れた行ない

さらに「人間に権利を授けた」とされる神は、あくまでもキリスト教徒にとっての神です。異なる宗教を信仰する者がその真理を「自明」のものとすることは本来、無理があります。

この点についても、長谷川三千子先生は仏教を例に、切れ味鋭い評論を展開しています。

「仏教に言う『悉有仏性《しつうぶつしょう》』（すべてのものにはことごとく仏性がそなわっている）という

教えがある。これは『すべての人間』のみならず『万物』が平等であるという思想なのであるが、ここからはいかなる『権利』も根拠づけられることはない。というのも、この『仏性』とは、各人にそなわっている悟りへの可能性のことであり、『仏性』をそなえているとは、すなわち各人に、真理を体得して自己自身になるという課題が与えられている、ということに他ならないからである。〈中略〉悟りをひらくことの第一歩は、まず、そのように何かを『権利』として要求するようなさもしい根性を洗い流すことにあるのであり、『自由』とはまさにそうした執着全体から自己の身心を解きはなつことにある」（『民主主義とは何なのか』）

長谷川先生は権利の要求を「悉有仏性」という仏教の教えから見て「さもしい根性」である、と厳しい言葉で批判しています。たしかに仏教の悟《さと》りとは、煩悩《ぼんのう》すなわち欲を捨て去ることです。我欲の執着から離れた人間は、自分の権利を主張して国や個人を相手に訴えるようなことはしないでしょう。したがって「権利」に妄執《もうしつ》する態度自体が仏教の教えから外れた行ないである、ともいえるのです。

また、神道においても『旧訳聖書』が記すように「神から人に権利が与えられた」

という考えはありません。

◉——独立宣言に内包する欠陥

その半面、現代の日本では権利が義務と背中合わせの概念であることが忘れられてしまい、たんに国民がわがままを主張するための手段と見なす風潮が強くなっている気がします。

しかしその日本から見ても、さらに異様なのがアメリカ社会です。よくアメリカは訴訟社会といわれますが、実際の判例を見ると、まさに権利の意味を履き違えたような珍妙な訴訟も多く見受けられます。

たとえば「マクドナルドで買ったコーヒーをこぼして火傷《やけど》したので、治療費をよこせ」という訴訟がある種の流行のようになったことがあります。相手がお年寄りだった場合など、企業側に一定の注意義務が求められることはあるでしょう。しかし一般的には自分でコーヒーをこぼさないように注意すればいいだけの話です。たとえ火傷しても他人（企業）を訴えようとする日本人はまずいないでしょう。

また以前、日本のテレビ番組で紹介されていた例は、ニューヨーク市の路上で転んで怪我した人を対象に、市に賠償を求める訴訟を専門にしている弁護士事務所があるそうです。にわかに信じられない話ですが、「道路がデコボコしているのは市が補修を怠ったからであり、つまずいて怪我をさせた責任が問われる」という理屈です。このような訴訟を専門にする法律事務所が成り立っていることに、ただ呆《あき》れるしかありません。

ここまでの権利の要求は、明らかに行き過ぎであるといえます。また、人口一〇万人当たりの訴訟件数は日本が六五一件であるのに対し、アメリカは三〇九五件だそうです。弁護士数も日本の約一万六〇〇〇人に対し、アメリカは約九〇万人です。アメリカは典型的な訴訟社会といえるでしょう。ではなぜ、現代のアメリカ社会はこのような姿になってしまったのか。私は原因の一つが「独立宣言」が内包する欠陥にある、と考えています。

独立宣言の最大の欠陥とは、神の名において人間に「権利」を与えておきながら、神に対する「義務」について何ら語られていないことです。独立宣言一七カ条のうち、「義務」について語っているのはわずかに第一三条の「納税の義務」だけで、「神に対する義務」にはまったく触れていません。

◉――掲げられなかった「十戒」

『民主主義とは何なのか』によれば、アメリカ独立宣言を作成する過程で、じつは「神に対する義務」をどのように明示するか、真剣に論じられたそうです。一案として、独立宣言と対となる憲法の冒頭に「十戒」を掲げよ、という提案がなされたといいます。

十戒とは、モーセが神から授けられた一〇の戒律のことです。あらためて以下、記しておきましょう。

一．わたしのほかに、なにものも神としてはならない
二．自分のために、刻んだ像を造ってはならない
三．神、主の名を、みだりに唱えてはならない
四．安息日を覚えて、これを聖とせよ

五．父と母を敬え
六．殺してはならない
七．姦淫《かんいん》してはならない
八．盗んではならない
九．隣人について、偽証してはならない
十．隣人の家をむさぼってはならない

（『口語訳　旧約聖書』日本聖書協会）

ところが結局、この「神から与えられた権利を主張する以上、戒律を守る義務についても憲法に記すべきだ」という案は採用されませんでした。もし仮に独立時、アメリカ国民が権利と義務が表裏一体であることに気付き、神への義務を忠実に守ることを宣言していたら、現代のアメリカがここまで権利一辺倒に傾くことはなかったのではないでしょうか。

市民が自らの不注意を棚に上げて些細《ささい》なトラブルで企業や政府を訴え、巨額の賠償を勝ち取ろうとする姿は、はたして「神の目」にどのように映っているでしょうか。

権利の濫用は、現代のアメリカだけではなく、欧米式の人権の概念を無自覚に受け入れている日本にも当てはまる問題です。

そこでわれわれは本来、日本ならではの歴史観や宗教観に基づき、西欧の人権概念とは異なる「人類普遍の幸福」の道を模索しなければなりません。国民全員が幸せになれる社会を希求するのは、世界中どの国でも同じです。だからこそ、日本国憲法には「人類普遍の原理」が記されているのです。我が国の伝統を深く見つめることは、西欧との根本的な相違を明らかにすると同時に、われわれが人類の発展に寄与するための考え方の発見に繋がるでしょう。

第九章

万人の闘争をいかに止めるか

◉──なぜ神を国家の統治原理から除こうとしたのか

先に、現在のアメリカが「マクドナルドで買ったコーヒーで火傷をしたら訴える」という極度の訴訟社会になっており、その遠因は「独立宣言」の思想にあるのではないか、と指摘しました。「独立宣言」は権利の根拠を神に求めておきながら、神に対する義務については記さない、という欠陥がある。そのため、いつしか「権利は自分のわがままを押し通すことだ」という一面的な解釈が生まれてしまったのではないか。そして権利の濫用は現代のアメリカだけではなく、欧米の人権概念を輸入した日本にも当てはまる問題だ、と述べました。

「独立宣言」の中心的な起草者であるトーマス・ジェファーソン（一七四三〜一八二六、第三代大統領）は、アメリカ合衆国建国の父の一人とされます。ジェファーソンが書いた独立宣言の草稿の内容は当時、知識人のあいだで流行していた啓蒙思想を土台とするものでした。

草稿案の基礎の一つとなったのは、イギリスの哲学者・思想家トマス・ホッブズ

トマス・ホッブズ
（写真提供：ROGER_VIOLLET）

（一五八八～一六七九）の思想でした。ホッブズの主著『リヴァイアサン』の言葉「万人の万人に対する闘争」はあまりにも有名です。

これから詳しくみていきますが、ホッブズは人間の「自然状態（政治社会が形成される前に、人間が置かれていた状態）」を互いに争う「闘争状態」とみなし、そこから国家が生まれると説きました。ホッブズこそ、「人権」の概念を最初に示した人とされています。

ホッブズの偉大さは、神という観念を持ち出さずに国家の統治原理を説明する理論を構築したことです。多少荒削りな部分があるとはいえ、その論理展開は至極明快で、同時に人間に対する洞察がじつに細やかで鋭い。私も、社会思想家としてのホッブズに大いに刺激を受けた一人です。

そもそも、ホッブズはなぜ神を国家の統治原理から除こうとしたのか。その動機について、長谷川先生は次のように解説していらっしゃいます。

「ホッブズがその当時のキリスト教のあり方を眺めて、そこに一抹の危惧を感じ取っていたのではないか、とも想像される。実際、十五、六世紀のヨーロッパにおいて、キリスト教は『良き統治《エウノミア》』を支えるものというより、『悪しき混乱《デュスノミア》』をもたらす元凶としての側面が目立つようになってしまっており、これは、新教という或る種のキリスト教原理主義の出現とともに、キリスト教の内に本来もともとひそんでいた反社会的な性格があらわになってきた現象、とも言えるものであった。それを正しく見て取ったからこそ、ホッブズは断固として自らの理論から『神』を占め出したのだ、という見方も成り立つであろう」（同前）

ホッブズが『リヴァイアサン』を執筆した時期は、新教、つまりピューリタン（清教徒）による革命が進行していたころでした。一六四九年にクロムウェル率いるピューリタンがチャールズ一世を処刑し、イギリスは一時期、共和政に移行します。内戦の勃発と国王の処刑という事態はホッブズにとって忌まわしい出来事であり、この混沌が彼をして国家の統治原理を一から構築する使命感に駆り立てたのです。

◉――殺人には理不尽ともいえる〝平等性〟がある

では早速、ホッブズの『リヴァイアサン』を読んでいくことにしましょう。たいへんな大著ですが、主要な論点は第十三章と第十四章に集中しています。本書では、これら二章におけるホッブズの主張を中心に読み解いていきます。

ホッブズは、そもそも人間は生まれながらにして平等であると説きます。ところが、その理由がじつに斬新というか、意外性に富んでいる。すなわち、人間は殺し、殺され合う力において平等だからだ、というのです。

「自然は人びとを、心身の諸能力において平等につくったのであり、その程度は、ある人が他の人よりも肉体においてあきらかにつよいとか、精神のうごきがはやいとかいうことが、ときどきみられるにしても、すべてをいっしょにして考えれば、人と人とのちがいは、ある人がそのちがいにもとづいて、他人がかれと同様に主張してはならないような便益を、主張できるほど顕著なものではない、というほどなのである。すなわち、肉体のつよさについていえば、もっとも弱いものでも、ひそかなたくらみにより、あるいはかれ自身とおなじ危険にさらされている他の人びととの共謀によって、もっとも強いものをころすだけの、つよさをもつのである」（『リヴァイアサン1』岩波文庫）

たとえば「もっとも弱いもの」が「もっとも強いもの」を殺す手段として古来、行なわれてきたのが暗殺です。第一次世界大戦は一九一四年六月、ボスニアの州都サラエボで、オーストリアの帝位継承者夫妻がセルビア人の民族主義者に暗殺されたことがきっかけで起こりました。名もなき青年が放った「一弾」がその後、四年三カ月にも及ぶ凄惨な大戦争に発展したのです。

人間の歴史は、こうした一弾を通じた暴力の連鎖に溢れています。平和で民主的な国家であるはずの現代日本でも、理不尽な殺人事件が後を絶ちません。最近、私がとくに痛ましいと感じたのは、平成三十年六月に東海道新幹線内で起きた無差別殺人事件です。車内で鉈《なた》を振り回す凶漢に対し、乗客の梅田耕太郎さんが勇敢にも立ち向かった末、犯人に切りつけられ亡くなりました。報道によれば、梅田さんは東京大学の大学院を卒業し、日本の将来を背負って立つことを期待された優秀な研究者だったそうです。他方、犯人がいわゆる社会的な落伍者であったことは間違いなく、梅田さんの輝かしい経歴と比べて対照的というほかありません。しかし立場の差異を問わず、無残な殺人は起きてしまった。殺人にはこのような理不尽ともいえる〝平等性〟があるのです。

●――人間としての三つの本性

ホッブズが生きていた時代に起きたことは、前述した国民による国王の処刑でした。さらにその後クロムウェル率いるイギリス軍は、アイルランドやスコットランドでも凄惨な虐殺事件を起こしています。果てしなき暴力の連鎖をいかに止めるか――このような問題意識に基づき、ホッブズは考察を進めていきます。

ホッブズによれば、争いの原因となる人間の本性には次の三つがあるといいます。

第一は「競争」、第二は「不信」、第三は「誇り《グローリー》」です。いわく「第一は、人びとに、利得をもとめて侵入をおこなわせ、第二は安全をもとめて、第三は評判をもとめて、そうさせる。第一は自分たちを他の人びとの人格、妻子、家畜の支配者とするために、暴力を使用し、第二は自分たちを防衛するために、第三は、一語一笑、ちがった意見、その他すべての過小評価のしるしのような、些細なことのために、それらが直接にかれらの人格にむけられたか、間接にかれらの親戚、友人、国民、職業、名称にむけられたかをとわず、暴力を使用する」（同前）

とくに言論に携わる者にとって、注視すべきは第三の「誇り」に関する部分でしょう。たとえばインターネット上の論戦では、時として「支持者」を名乗る人びとが勝手連的に介入し、炎上の火がさらに広がって収拾がつかなくなることがあります。もともと言論には党派性があり、対抗勢力への批判が嵩じて特定の個人をネット上でいっせいに攻撃する、ということが起きます。しかし、相手のところへ押しかけて謝罪の要求や制裁を声高に叫ぶというのは論外です。かといって、圧力に屈して自ら矛を収めてしまうのもまた論外。言論には言論で対抗する、という基本軸を外してはなりません。

いずれにせよ、人間はひとたび理性のタガが外れればいつ何時「万人の万人に対する闘争」を始めかねない本性を持っています。

ただしホッブズは、その一方で人間には「平和」に向かう諸情念がある、とも主張します。なぜなら平和を求める理由の一つに「死への恐怖」があり、さらに快適な生活への欲求や働いてお金を稼ぎたい、という思いがあるからだ、といいます。

◉──自然権を相互放棄する契約

ホッブズのいうように、人間は殺し、殺され合う関係において平等であり、自分の生命を維持するためには「先手をうつことほど妥当な方法はない」（同前）存在だとすれば、人間同士の対立は行き場を失いかねません。どぎつい言い方をすれば、それは「やられる前にやれ」という理屈だからです。生命保存の欲求が自らの命を危機に晒す、という悲劇的な逆説のなかに私たちは生きていることになります。

ホッブズは、人間が自分の生命を維持するために意志と力を行使することを決して否定しません。むしろ、各人が生命保存の意志と力を等しく持つことを人間の自由として認め、それを「自然権」として位置付けました。ここにホッブズの独創性があるのですが、さらに大事なのは、彼自身がそのようにして位置付けたはずの「自然権」を放棄せよ、と主張していることです。

人が生まれながらにして持つとされる「自然権」について、アメリカの独立宣言では「自然権」は「生命、自由、および幸福の追求」とされ、普遍の権利を確保するために政府が設置される旨が記されています。

しかしホッブズは「自然権」を、一度は手にしながら進んで手放すべきものだというのです。なぜなら、そうしなければ人間同士の「万人の万人に対する闘争」は終わらず、社会に平和が訪れることはないからです。

自然権に関するホッブズの見方の違いは決定的に重要で、現代の権利の概念が歪んだものになってしまった原因もじつはこの点に求められます。しかし結論を急ぐ前に、もう少しホッブズの言説に耳を傾けることにしましょう。

ホッブズは、人間は誰しも「自然権」を持つ、としながらもその自然権を捨てよ、というのですが、いったいそれはどのようにして可能なのか。この点がホッブズの啓蒙主義といわれる所以《ゆえん》ですが、それはまさに「理性」の働きによってである、というのです。

たとえ人間には生命を維持するための「自然権」があるといっても、殺人が自由に認められる社会は存在しません。その禁止こそが動物にはない、人間の理性のなせる業だといえます。ホッブズはそのような理性によって発見された戒律、一般法則のことを「自然法」と呼び、「自然権」と明確に区別しています。

さらにホッブズは、人間の理性が作り出した「自然法」のなかでも、最も重視すべき「基本的自然法」として「第一の自然法」を定義しています。次の文言がそれです。

「平和をもとめ、それにしたがえ」（同前）

この大原則を定めたうえで、さらに彼は「第二の自然法」を導き出します。

「人は、平和と自己防衛のためにかれが必要だとおもうかぎり、他の人びともまたそうであるばあいには、すべてのものに対するこの権利を、すすんですてるべきであ

り」(同前)

この部分が、前述の「自然権」を放棄せよ、と説いた箇所です。また「他の人びともまたそうであるばあいには」という条件が付されている点に注意が必要です。つまり「自然権」の放棄には、全員同じという付帯条件が必要になる。いつ他人に殺されるか分からない人間が、自分だけ先に「自然権」を放棄する、という不利を甘受するはずがないからです。

さらにいえば、社会の構成員のあいだに「自然権」を相互放棄するという契約がなければ、自然権の放棄は実現しません。ここから「人びとは、むすばされた信約(引用者注：契約のこと)を履行すべきだ」(同前)との「第三の自然法」が導き出されることになります。

第一から第三までの「自然法」の要点を一つにまとめると、「自然権の相互放棄に関する契約を結ぶこと」といえるでしょう。しかし、自然権を相互放棄する契約をいかに強制力のあるかたちで遵守させるか、という問題があります。

ここで登場するのが、国家です。もし社会の構成員の誰かが契約を破ったら、国家権力による制裁を受ける。罰による「恐怖」がなければ、人間はいつ何時、契約を破って「闘争状態」に戻るかわからない。国民は国家の下で契約を結び、自分たちの安全と福利を共通の条件のもとに確保できる。このように、契約によって国民と国家間で権利を成立せしめる思想のことを「社会契約論」というのです。ホッブズはその元祖ともいえる存在です。

◉——ホッブズの興味深い試み

もちろん歴史上、ホッブズが述べる「社会契約」がいつ、どの国で締結されたという具体的な記述は存在しません。「社会契約」とは、あくまでも神という観念を抜きにして国家の成立を説明するためのフィクションにすぎない。にもかかわらず、ホッブズの考え方は民主主義の「原点」を考えるうえで、貴重な示唆を含んでいると思います。

また、ホッブズは「国家を人工物に擬する」という興味深い試みを行なっています。その比喩として用いたのが、本のタイトルにもなっている「リヴァイアサン」でした。旧約聖書の「ヨブ記」に登場する海中生物です。あらゆる武器が通じず、最強の力を持つ怪物をホッブズはなぜ国家にたとえたのか。長谷川先生は次のように解説しています。

「ホッブズはその名を選んだことを自ら説明して、それが『ヨブ記』に『あらゆる傲り高ぶる子らの王』——人々の傲慢《ヒュブリス》を屈伏させるもの——として描かれていることを指摘しているのである。すなわち、神なき世界において、ただ自らの権利をかざして傲り高ぶる人間たちは、第十三章（引用者注：『リヴァイアサン』の第十三章）に見た通りの悲惨な状態に陥るしかない。彼らがふたたび幸福な人間らしい生活を送るためには、何よりもその傲慢を克服することが不可欠である。そして、そのためにこそ『国家』が建設されなければならない——これがホッブズの基本的な考えだったのである」

　ホッブズは当時すでに、神なき国家に生きる民が無闇に権利を主張するようになる事態を見抜いていた、といえるでしょう。ところが人びとは傲慢にも、ホッブズが捨てるように諭した「自然権」を「神から与えられた至高の権利」としてまつり上げてしまった。この伝統により、後世の国民が理性を欠いたまま好き勝手に権利を主張するようになったのも頷けます。

◉――大規模災害時に違いが出る国民性

さらに、もし「自然権」を至高のものと考える人間が生きるか死ぬかの極限状況に陥ったら、何が起きるか。ホッブズが予測したとおり、たちまち本性を顕わにして「万人の万人に対する闘争」を始めるでしょう。

そんな野蛮なことをするはずがない、と思う人もいるでしょう。でも、それは民主主義化された先進国でも実際に起こりうることなのです。

二〇〇五年八月、ハリケーン・カトリーナがアメリカのルイジアナ州を襲ったとき、同州ニューオリンズ市では大規模な略奪行為が発生しました。暴徒と化した住民が次々と商店を破壊し、盗みを働く映像がテレビで放映され、全世界に衝撃が広がりました。

私が驚いたのは、ある家族がテレビ局のインタビューに対し、ショッピングセンターから略奪した〝戦利品〟を誇らしげに掲げる光景でした。父親の号令のもと、子供たちも略奪に加わっており、自分たちの行為を恥じる様子がまったく見られない。みんなが略奪行為に走っているのだから、自分たちも盗んで何が悪いのか、という開き直りを感じて唖然としたのを覚えています。

他方で対照的だったのが、平成二十三年（二〇一一）三月十一日に東日本大震災が起きた際の被災者の姿でした。地震と津波で生活が破壊されたにもかかわらず、辛抱して礼節を失わずに協力し合い、自力で立ち直ろうとする姿は世界中の感動と敬意を集めました。各国メディアは災害に耐え抜く人びとの姿勢に驚き、日本人の精神を讃える内容の記事を次々と載せました。

たとえば同年三月二十日付の『ニューヨーク・タイムズ』は、「アメリカは日本から何かを学ぶべきである（The Japanese Could Teach Us a Thing or Two）」と題した論評を掲載しました。この記事を書いたニコラス・クリストフ氏は、東日本大震災で日本人の「団結が深まった」と指摘し、「我と欲を捨てる精神と冷静さ、規律を尊重するという日本人の行動規範を福島の原発で危険な作業を続ける作業員が体現している」と称賛しました。苦難に耐える日本人を「立派で高貴だ」と記したのは、自国のニューオリンズで起きた略奪に対する深い遺憾の念があったからでしょう。

いくら大規模な災害に見舞われようと、略奪や暴動をしないのは日本人にとっては当たり前のことで、国内ではニュースにすらならない。ところが、それが外国では驚嘆に値する行為であることを、私もこのとき初めて知りました。以来、私は民主主義と一口でいっても、それを「正しい」ものとして運用するには人びとの立派な精神が不可欠である、と考えるようになりました。そして国民の精神を形づくるものは国家が辿ってきた歴史や伝統、宗教観にほかならない。まさに「民主主義は国民性次第である」という点を確信するに至ったのです。

繰り返し強調しますが、ホッブズは「自然権」と「自然法」を分かつのは理性である、と考えました。理性が生んだ「自然法」を、神なき国家を成立させるための基礎として据えたわけです。

ところが、アメリカの「独立宣言」やフランスの「人権宣言」は、ホッブズが放棄を唱えた「自然権」を再び神の名の下に置いてしまった。その結果、いま起きているのは際限なき自己の欲望の拡大と、権利の濫用ではないか。これは形を変えた、現代の「万人の万人に対する闘争」なのではないか。そう捉えたとしても、決して言いすぎではないと思います。

むろん、いくら理性が大事といっても絵空事にすぎない、という批判は成り立つでしょう。「国民を啓蒙すれば闘争をやめて平和に向かう」と考えた啓蒙主義の理想は甘いといえばそうでしょう。現に、世界の歴史はそのような生易しいものではありませんでした。二度の世界大戦が民主主義を選んだ国の意思によって起きた事実を見ても、人間の本性は理性よりも闘争を好むものなのかもしれません。

しかし、東日本大震災で日本の被災者が見せた節度ある行動は、日本人の「精神的気質」が表出したものです。私は、この精神的気質のなかにこそ民主主義に不可欠な精神性を見ます。その要諦を一言で表せば、私利私欲ではなく、公共の福祉のためにこそ民主主義はある、ということです。

本書もいよいよ終盤に差し掛かりました。次章では、民主主義という道具を「正しく」使うための方法について、詳しく述べたいと思います。

第十章 人間が、掛け替えのない存在であり続けるには

◉――権利意識過剰な社会の元祖

前章では、アメリカの「独立宣言」の中心的な起草者であるトーマス・ジェファーソンが参考にしたのが、トマス・ホッブズの思想であることから、ホッブズの主著『リヴァイアサン』をもとに、権利（人権）と国家の関係について論じました。

そしてさらにもう一人、ジェファーソンに影響を与えたイギリスの哲学者ジョン・ロック（一六三二～一七〇四）の主著『統治二論』を紐解くことで、アメリカの「独立宣言」ならびに世界の人権概念に与えた影響について考えたいと思います（なお、ロックの『統治二論』の後編は「市民政府論」という名でも知られています）。

先に述べたように、ホッブズは「自然状態」（政治社会が形成される前に人間が置かれていた状態）――を「万人の万人による闘争」であると捉えました。

しかしロックはホッブズの考えを再検討したうえで、「自然状態」の定義を以下のようにまったく異なるものに書き換えています。

「政治権力を正しく理解し、それをその起源から引き出すためには、われわれは、す

ジョン・ロック
(写真提供:leemage)

べての人間が自然にはどんな状態にあるのかを考察しなければならない。それは人それぞれが、他人の許可を求めたり、他人の意志に依存したりすることなく、自然法の範囲内で、自分の行動を律し、自らが適当と思うままに自分の所有物や自分の身体を処理することができる完全な自由な状態である」(『完訳 統治二論』岩波文庫)

ホッブズは、自然状態における力の行使としての「自然権」と、理性による「自然法」を明確に区別しました。しかし、ロックはそのようなことはしません。他人に依存する、あるいは「自然権」を放棄するという大仰な手続きを踏まずとも、人間は

「自然法」の範囲内で自分を律することができる、と考えたからです。

それにしてもなぜロックは、右のように断言できたのでしょうか。その理由は次の部分を読むとはっきりします。

「同じ種、同じ等級に属する被造物が、すべて生まれながら差別なく同じ自然の便益を享受し、同じ能力を行使すること以上に明白なことはないのだから、それらすべての者の主であり支配者である神が、その意志の明確な宣言によってある者を他の者の上に置き、その者に、明示的な任命によって疑う余地のない支配権と主権とを与えるのでない限り、すべての者が従属や服従の関係をもたず、相互に平等であるべきだということはあきらかであるからである」(同前)

つまり「人間は神の前に平等である」ということです。絶対的な神の意志の下に置かれた人間ならば、ホッブズがいうように人間の本性に懐疑を抱いて争うことはなく、権利を堂々と訴えることができる、とロックは考えたのです。

前章で、ホッブズの偉大さは神という観念なしで国家の統治原理を構築したことにある、と述べました。しかし、ロックはそのような論理は蹴飛ばしてしまうのです。

その代わりに再び神を持ち出し、絶対的な神の意志の下に国家を作ろうとする考え方に立ち戻ってしまいます。

そしてジェファーソンは、主にこのロックの思想を下敷きにアメリカの「独立宣言」の草稿を書きました。しかし先に述べたとおり、「独立宣言」には神から与えられた権利については書かれていますが、神に対する「義務」については口を噤《つぐ》んでいます。国民にとって都合のよい時だけ神を利用している、という見方もできるし、ロックの思想は権利意識過剰な社会の元祖である、ともいえるでしょう。

●――ご都合主義で神を利用している

ところで、ホッブズが排除した「神」を再び持ち出してロックが訴えたことは何だったのでしょうか。ホッブズが神を排除して国家統治の原理を説明したのに対し、ロックの主張は「国民の所有権を守れ」というせせこましい話になります。

「自然の諸物は共有物として与えられているが、人間は（彼自身の主であり、また、自分の身体およびその活動や労働の所有者であることによって）自らのうちに所有権の偉大な基礎をもっていたこと、そして、発明や技術が生活の便宜に改良を加えたときには、彼の存在を支え、快適にするために彼が用いたものの大部分は完全に彼自身のものであり、他人との共有物に属するものではなかったことに他ならない」（同前）

　ロックは、労働の対価（財産）は他人のものではなく自分だけのものである、というのですが、そもそも、ロックがいうように人間が神の前に平等であるならば、労働の「対価」も神の所有物とされるべきです。にもかかわらず、彼は「働いた自分だけのものである」という。やはり「ご都合主義で神を利用しているのではないか」という印象が拭えません。

　このようなロックの矛盾や曖昧さは、先の「自然状態」に関する定義が揺れていることからも感じられます。たとえば『統治二論』のなかで、自然状態について「自然法」の範囲内で完全な自由がある、といいながら、途中でその意味を反転して危険性を訴えます。

「もし、すでに述べたように、自然状態における人間がそれほど自由であり、また、自分自身の身体と所有物との絶対的な主人であって、どんなに偉大な人とも平等で誰にも従属していないとすれば、彼はなぜその自由を手放し、自分自身のその絶対的な統治権を放棄して、他者の統治権と統制とに服するのであろうか。これに対する答えは明確であって、自然状態において人は確かにそうした権利をもっているが、しかし、その権利の享受はきわめて不確実であり、たえず他者による権利侵害にさらされているからだということに他ならない。というのは、万人が彼と同じように王であり、彼と同等者であって、しかも、大部分の者が、公正と正義との厳格な遵守者ではないので、彼が自然状態においてもっている固有権の享受はきわめて不安定であり不確実であるからである」(『完訳　統治二論』)

大部分の者が公正と正義を守らないので、人間は絶えず権利侵害に晒されている、という理屈です。しかし、これはやや倒錯した話ではないでしょうか。そもそも、神はそのような身勝手な人間を許すのか、という根本的な疑問があります。

またロックは、人間が悪しき「自然状態」から脱するには二つの権力を放棄しなければならない、といいます。

一つは、「自然法が許容する範囲内で、何であれ、自己および他人の保全のために適当だと思うことをする権力」。もう一つは「自然法に対して犯された犯罪を処罰する権力」。これら二つをまとめれば、法を犯した犯罪者を捕まえたり、罰したりする権利だといえるでしょう。たしかに、市民が個人で勝手に犯罪者を捕まえて監禁し、処刑するような状態は原始社会そのものです。したがって、そうした権力を捨てなさい、というロックの主張はいちおう正しい。

とはいえ、犯罪者を捕まえるのが国家の役割である、というロックの説は「万人による万人の闘争」をやめさせるために国家が必要だ、と述べたホッブズの壮大な説に比べて凡庸で卑近な次元の話になっている。こうしたロックの国家観も、長谷川先生から辛辣な指摘を浴びています。

「何のことはない、マンションの住人たちが互いに金を出し合って警備員を雇う、という類の話である。ロックの言う『社会契約』とは、そのようなものなのである。〈中略〉ここには、ひょっとして私自身が、飢えこごえたらば隣人の服をはぎ、食べ物を奪って生き延びようとするかも知れない、といった生々しい洞察はかけほども見えない。『私たち市民』はいつも『良い子』であり、『悪い奴ら』は外に居る——これがロックの基本認識なのである」(『民主主義とは何なのか』)

ロックの「市民はいつも正しい」という考え方は、フランス革命を煽動したシエイエスの「民衆が考えることはつねに正しい」という主張に相通じます。ロックの『統治二論』は、国家の統治原理を完成させたものとして知られています。さらにアメリカの「独立宣言」やフランスの「人権宣言」をはじめ、世界中に人権という概念を伝えたという点で、日本国憲法にも少なからぬ影響を与えています。

◉――ロックが想定した「悪い奴ら」

現代の民主主義の基礎には、これまで見てきたようなロックの国家論があります。たしかに国民の側から見れば、所有権をはじめ自分の権利を侵害する輩がいたら、国家が権力を行使して処罰してほしい、と思うでしょう。だからこそ、ロックの国家論は歴史的に広く受け入れられたのでしょう。しかしその結果、現代の民主主義国家で国民がわがままに権利を主張し、それに応じて社会や企業も過保護になっていく悪循環を生み出しているのではないでしょうか。

最近「日本でもここまで来たか」と呆れるのは、エスカレーターに乗った際に聞こえるアナウンスです。「エスカレーターでは歩かず、ベルトにおつかまりください」。万が一、エスカレーターで歩いて怪我をする人がいたとしても、その人の不注意を咎めるべきであり、施設の側が責任を負う話とは思えません。

さらに最近、疑問に思うのは、駅や電車内で流れる「危険物の持ち込みはご遠慮ください」というアナウンスです。仮に日本国内にテロリストが潜伏していたとして、これを聞いて「まずい、実行は諦めよう」と思い留まるでしょうか。まったく無意味な〝騒音〟にすぎません。

社会の至るところに溢《あふ》れるアナウンスや注意書きは、危険を防止するというより、何か事故が起こった際、責任を負うリスクを公共機関や企業が避けようとしているからでしょう。クレームが来ることを恐れ、子供に諭すようなアナウンスを公然と流すようになった。その遠因を遡ると、自分に害をなす泥棒を捕まえるのが国家の役割である、というロックの国家依存的な思想があるように思えてならないのです。

では、なぜロックは国家の役割を、「悪い奴ら」を捕まえるような話に限定してしまったのか。『統治二論』でロックは次のように記しています。

「人間の生来的な自由とは、地上におけるいかなる上位権力からも解放され、人間の意志または立法権の下に立つことなく、ただ自然法だけを自らの規則とすることに他ならない」

あるいは、次の部分です。

「絶対的な恣意的な権力からのこの自由は、人間の保全にとって不可欠であり、またそれと密接に結びついているので、人間は、もしこの自由を失えば、自らの保全と生命とを同時に失わざるをえない」

ここでいう「上位権力」「絶対的な恣意的な権力」がイギリスの王権を指しているのは明白です。ロックが『統治二論』を書いた時代は、イギリスで名誉革命が起きた直後でした。本書ですでに述べたとおり、チャールズ二世やその弟ジェームズ二世が議会無視の専制政治を行なったことに対し、オレンジ公ウィリアムを新たな王として迎え、内乱の危機を避けたことを称して名誉革命と呼びました。

つまり、ロックが人間の所有権を侵す「悪い奴ら」として想定したのは、じつは

「王室」だったのです。長谷川先生はこの発想を、革命に大義名分を与える意味で「役に立つインチキ」（『民主主義とは何なのか』）と表現しています。

「『革命』における君主対人民の争いを、単なる主権の争奪戦としてではなく、人民の譲り渡しがたい権利を守るための正義の争いとして正当化する、という願ってもないオマケがついている」（同書）

アメリカの独立戦争は、イギリス王室からの自由を求める戦いでした。フランス革命も、ブルボン王室からの自由をめざして行なわれました。ともに王室の存在を、国民の所有権を犯す「悪い奴ら」と見なすものです。

彼らは、国王から主権を奪って国民に移行させる「国民主権」の確立を至上の正義と見なしました。図らずもその視点が、暴力の行使を正当化する格好のイデオロギーとなってしまったのです。

◉——イデオロギーとしての民主主義という風潮

第一章で、デモクラシーは一般に「民主主義」と訳される一方で「民主制」と訳される場合もある、と述べました。後者が「国民の意思を国政に反映する」政治制度を表す言葉であるのに対し、前者には「国民が考えることはつねに正しい」という主義・主張、すなわちイデオロギーが含まれている。現代の日本には、まさにイデオロギーとして民主主義を捉える風潮が蔓延しています。

たとえば近年の日本において、小泉、安倍政権以外は、首相が約一年ごとに代わる短期政権でした。失言や落ち度があろうものなら、正義の仮面を被ったマスメディアがとことん糾弾を繰り返してきました。国家の指導者を引きずり下ろすことが正義と感じられるのは、「国民はつねに善である」というイデオロギーがあるからです。

国政選挙という民主制を通じて選ばれた安倍政権に対し、国会周辺で「民主主義を守れ」と叫びながら退陣デモを繰り返す異様な光景は、民主主義という言葉が含むイデオロギー的な側面を示しています。

◉——人権の概念を再定義するとき

前述したロックの思想には、「善玉＝国民」「悪玉＝王室」という単純で分かりやすい対立構造がありました。現代の日本でいえば、「善玉＝国民・野党・メディア」「悪玉＝政府与党」という対立構造です。仮に非自民党政権ができたとしても、同じような対立が繰り返されるでしょう。

自民党が政権に就こうが、野党が就こうが、いずれにせよ国民はつねに正義の側に立つことになる。そのような「国民の絶えざる反政府活動」を支えるものは何なのか。長谷川先生はこう述べています。

「現代の日本では『人権』とは、一人一人の人間が人間であるかぎりにおいて持っている、かけがえのない価値のことである、といった説明をわれわれはよく耳にする。もしその通りであるとすれば、『人権』尊重におけるもっとも大切なことは自己修養にはげむべし、ということであって、それ以外のことではないであろう。ごく一般的な事実として、『一人一人が人間であるかぎりにおいて持っている、かけがえのない価値』を損なうのはその人自身であることがもっとも多いのだからである」（『民主主義とは何なのか』）

長谷川先生の指摘はきわめて重要です。掛け替えのない価値である人権を持つ人間が、掛け替えのない存在であり続けるにはどうすればよいか。他人をむやみに傷付け、自分の欲求を最優先するような人間は、価値ある存在にはなりえません。

つまり「人権の尊重」を重んじるのであれば、まず周囲との「調和」を第一に行動しなければいけない、ということです。ホッブズが述べた「自然権」の放棄とは、まさにそういう意味です。しかし「人権の尊重」が調和ではなく、むしろ闘争を招いている現状では、そうした理想の実現は期待できません。

なぜ、このような本末転倒に陥っているのでしょうか。長谷川先生は次のように述べています。

「ところが、実際の『人権』思想や『人権』運動は、そうした自己修養などということには目もくれず、まさに『デモクラシー』のイデオロギーとしてはたらいている。すなわち、『人権』という言葉が叫ばれるたびに、その背後には、あの『絶対的恣意的権力』という幻がたちあらわれる。現実にそのようなものが存在するか否かにかかわらず（現実には、その通りのものが存在するのはたいへん稀有のことである）、『人権』の概念はそれを必要とするのである。あるときは政府が、あるときは大企業が、人々を『自己の絶対権力の下におこうと試みる者』と見なされ、それによって各人の自由と生存を脅かしているものとして糾弾される。時とすると、そうした糾弾はほとんど無意識のうちになされている」

人びとが「人権を守れ」と叫ぶときには、それを妨げる「悪い奴ら」や「敵」を想定しています。したがって人権を声高に訴える主張は、必ずしも社会の「調和」に結びつかず、逆に「闘争」を煽ることがあります。

日本でも、人権をめぐるイデオロギーの対立は日常茶飯時です。もちろん人権そのものは崇高な概念であり、否定する気はありません。ただ一概に人権といっても、ホッブズが考えていたものと、ロックが考えていたものはまるで異なる。せめてその点は理解しておくべきでしょう。そのうえで、われわれ日本人の歴史や伝統に鑑み、西洋由来の「人権」の概念に修正を加えるべき点があるとすれば、遠慮なく訴えるべきでしょう。日本人が人権の概念を再定義できるようになった暁には、民主主義が改善する見込みもあるのではないか、と私は考えています。

第十一章

失敗に終わった古代アテネの試み

◉──貴族政から民主政へ

本書ではここまで何度か「日本の『民主主義』は『デモクラシー（民主制または民主政）』の訳語だが、『民主政はよいもの』というイデオロギーが加えられた我が国独特の表現である」と述べてきました。

しかし本来の「デモクラシー」には、「よいもの」という主義・主張は含まれておらず、王政や貴族政と並び、たんに政治形態を表す言葉にすぎませんでした。

さらに「デモクラシー」という言葉の起源を遡《さかのぼ》ると、古代ギリシャの「デモクラティア」に行き着きます。「デモクラティア」は、民衆・人民を意味する「デモス」と、権力・支配を意味する「クラティア」を合わせた言葉です。つまり、民衆が力によって国を支配することこそデモクラシーの本質であり、その構図は古代ギリシャから数千年を経た現代でも変わっていません。

人類における民主政の始まりは思いのほか古く、フランス革命（一七八九年〜）やアメリカの独立宣言（一七七六年）よりずっと前、紀元前七世紀の古代ギリシャの都市国家（ポリス）に遡ります。ポリスにおける民主政の試みは結果として壮大な失敗に終わるのですが、その結論を急ぐ前に、古代ギリシャでどのように民主政が誕生したのか、成立過程を見ていくことにしましょう。

ポリスの住民は、貴族と平民の区別からなる市民に加え、市民に隷属する奴隷から構成されていました。このうち政治的な発言権を持つのは、特定の家系の出身である貴族階級だけでした。しかし、それには理由があります。

当時のポリスは、都市の周囲が城壁で防御されていました。人口は数千人から数万人規模でしたが、外敵が攻めてきた際、壁の外へ出て戦うのは貴族だけでした。戦時に命を落とす可能性がある貴族の政治的発言権がその分、平時から強いのは当たり前だったのです。

日本で貴族というと、天皇に仕える公家など、戦いとは縁遠い印象があります。他方、西洋では周辺国との戦争に勝ち抜いた者が王となる、という歴史が連綿と続いてきました。王自身も武芸に秀でた者である場合が多かった。その王を頂点とする少数の門閥貴族たちの政権は、いわば軍事政権だったと考えてもよいかもしれません。

ギリシャ・アテネのパルテノン神殿
（写真提供：時事）

ギリシャでポリスが成立し始めた紀元前八世紀ごろまでは、隣国との戦争といっても、武芸自慢の騎士たちが馬に跨《またが》って互いに名乗りを上げ、一騎打ちで勝敗を決する形式が主流でした。したがって、戦士の数はそれほど必要ありませんでした。

ところがその後、青銅製の鎧《よろい》や兜、盾、鉄製の槍など武器が大きく進歩しました。重装歩兵による密集戦法が常道になると、より多数の兵士が求められるようになりました。貴族たちだけでは戦力を賄《まかな》うことができず、平民から志願者を募るようになったのです。

すると当然のことながら、戦いに参加し

た平民たちは「俺たちも貴族と同じように命懸けで戦っている。政治に参加させろ」という主張を始めます。平民の不満を和らげる政治改革として、貴族政から民主政への移行が徐々に進むことになります。とくにスパルタと並ぶ古代ギリシャの強国の一つであるアテナイ（アテネ）では、民主政への動きが顕著でした。世界史の教科書が、人類の民主政の始まりは古代アテネにある、と記す所以です。

◉──国民による国防の義務

このようにギリシャでは昔から、自分の命に関わるリスクを背負い、国防の責務を果たす者だけが参政権を持つ、と考えられていました。その意味で「民主政は戦争から生まれた」といっても過言ではないでしょう。西洋における市民とは、国家の存亡に際して自ら進んで武器を取る者のことであり、国防に対する考え方が私たちとは異なります。日本で「市民」といえば、際限なく自分の権利を主張する市民活動家や、たんに行政区分としての市民という印象が強い。

市民の権利と義務に関して、たとえば平成二十八年に日本に十八歳選挙権が導入された際、参政権が付与される一方で「よき市民」として果たすべき義務についての議論はほとんど見られませんでした。仮に日本の政治家やジャーナリストが「投票の仕組みを教えることが主権者教育」と思っているなら、愚の一言に尽きます。現在、日本では国政選挙のたびに十八歳、十九歳の投票率が下がっています。参政権の重みを教えることが、あまりに軽視されているのではないでしょうか。

参政権を軽んじているのは、若者に限った話ではありません。おそらく「一般の『市民』に国防の義務なんてあるはずがない」というのが、戦後の日本人に共通する感覚でしょう。

じつは憲法学の世界でも、日本国民に国防義務があるか否かをめぐる論争がありま す。

私は「ある」という考え方です。べつに珍しい意見ではなく、スイスやデンマーク、オーストリアやギリシャなど、国民による国防の義務を憲法に明記する国は多い。隣の韓国でも徴兵制が施行されており、国防の義務を負うことは当然とされます。

他方で、たしかに日本国憲法は国民による国防の義務を明文化していないものの、あまりに自明のことだから書いていないだけだ、という説があり、私もその立場を取ります。

私が考える国防の義務とは、一般人が戦場に赴き、武器を手に取って戦うということではありません。なぜなら高度に専門化・システム化された現在の戦争において、十分な訓練を経ない素人が戦地へ出ても、足手まといになるだけだからです。

私たちにできることといえば、戦う自衛隊を後方から支援することです。働いて納税することも、外国語を学ぶことも、国防に寄与することに繋がるのです。また、国を一隻の「船」に喩えれば、日本が進路を過《あやま》たないように舵取りのできる指導者を選ぶことも国防上の重大事です。その唯一の手段は選挙であり、私たちに与えられた参政権にほかならない。そう考えれば、「市民」が参政権を持つことの重みが理解できるのではないでしょうか。

◉──平民の支持を得た僭主の出現

話を民主政が始まった時代のアテネに戻します。

当時、一般の平民が国防の義務を担うようになったことを機に、参政権の対象が拡大していきます。紀元前五九四年、ギリシャ七賢人の一人ソロンが財産に応じて市民を四つの階級に分けるとともに、平民にも参政権を与えました。

背景には、ポリス内における貴族と平民の深刻な対立がありました。なかでも大きな問題は、貴族に対して地代が払えず、市民から奴隷の地位に落ちてしまう「貧農」の続出でした。彼らは、貴族政治に対して強い不満を抱きます。

奴隷の増加は、前述のように国防を担う市民の減少につながり、国力の低下に直結しかねない事態でした。

そこでソロンは、ポリスの分裂を防ぐべく貴族と平民間の対立の調停に乗り出しました。その一つが平民に対する参政権の付与であり、さらに大胆な方策として、貧農の借金を帳消しにする〝徳政令〟を打ち出したのです。しかし、これらの政策で平民がソロンに感謝したかというと、そうではありませんでした。逆に、「土地を寄越せ」と要求をエスカレートさせたのです。他方で〝徳政令〟によって債権が回収不能になった貴族は「俺のカネをどうしてくれるのか」とソロンに対して怒りをぶつけました。

両者の板挟みになって苦しんだソロンはどうしたか。何と「お前ら、勝手にしろ」とばかりに、アテネを出奔してしまったのです。十年間も祖国に戻らなかったといいますから、よほど絶望が深かったのでしょう。ソロンがアテネのためによかれと思って実行した施策は、誰からも感謝されなかった。この辺りが政治の難しさです。

世の中には結局、共同体の全員を納得させる政策などは存在しない。だからこそ政治家には、その政策が国の将来のためになると考えるなら、どれほど批判を浴びても断固としてやり抜く信念と覚悟が必要なのだ、ともいえます。

賢人ソロンが去ったあとのアテネでは、政治が再び乱れました。やがて隣国メガラとの戦いに勝利して名声を得た軍事指導者ペイシストラトスが、「僭主《せんしゅ》」として政治を牛耳るようになります。

「僭主」とは、平民の支持を得て独裁者になった者のことです。なぜ僭主になるのに平民の支持が必要かといえば、理由は数の論理です。政敵に対して「自分はこれだけの指示を得ている」と見せつけるには、数で貴族に勝る平民たちの支持が不可欠でした。ヒトラーがドイツの独裁者になるため、大衆の支持を恃《たの》んだのと同じです。

また、ペイシストラトスは国家共同の祭典をたびたび催すことで、市民たちの階級意識を乗り越え、アテネに対する共通の愛国心を育てようとしました。これも、ナチス・ドイツが一九三六年のベルリン・オリンピックを国家の祭典と位置付けて国威昂揚を図ったのと同じ政治手法といえます。アネテ以外でも、古代ギリシャのポリスではこのような「僭主」が現れては消える、という現象が繰り返されましたが、国民の愛国心を煽って支持を固めるという点は、どの僭主も似ていました。

◉――大きな矛盾に満ちた民主政

ペイシストラトスの死後、「僭主」の地位は息子のヒッピアスに継承されますが、一国を治める器量に乏しく、彼はアテネを追放されてしまいました。

その後、紀元前五〇八年にアテネの指導者になったクレイステネスが民主化改革を徹底させ、血統や貧富に関係なく、市民に対して平等に参政権を与えました。このとき、各部族から選出された「五百人評議会」が提案した議案を市民の全体集会である「民会」が審議して可決する制度も整えられました。

こうしてアテネにおける民主政は一つの完成を見たのですが、同時にそれは大きな矛盾に満ちたものでした。民会の力によってペイシストラトスのような「僭主」を再び生み出さない仕組みが整えられたのですが、どこか行き過ぎで不合理な感が否めません。

他にも、将軍など限られた職位を除き、市民による「くじ引き」で官職を決めました。しかも任期は一年と短く、仕事の継続性は考慮されませんでした。なぜアテネ市民は、このような不合理と思える制度を選んだのか。長谷川三千子先生によれば、民主政の前提条件である「選挙を避けるため」だというのです。

「古代ギリシャの人々にとって『選挙』こそはもっとも警戒を要するものだったのである。何故ならば、選挙とは（考えてみれば）民衆の支持と後押しが束ねられて、その力が一人の人間の手に握らされる、というメカニズムにほかならない。そして現実にも多くの僭主が（武力によるというよりむしろ）選挙によって選出されて、その地位についたのであった。選挙を避けるべしということは、言うならば僭主政防止の鉄則第一ケ条だったのである」（『民主主義とは何なのか』）

さらに僭主の出現を予防するため、アテネで設けられた制度が「陶片追放《とうへん》」でした。僭主になりそうな人物の名前を「陶片」に書き、それが一定数の票に達すると国外に追放する、というものです。「暴君」になる恐れのある人物をあらかじめ排除するのが狙いでしたが、その陰で有力な政治家が何人も追放されました。未来の指導者の芽を摘むことが、本当に市民のための善政につながるのか、何とも疑問に感じます。

加えてアテネでは、国家指導者に対して処刑を含む刑罰を与える弾劾裁判がしばしば開かれました。アテネの民主政二百年の歴史のうち、じつに一三〇名が弾劾裁判を受け、そのうち三四名が将軍職だったといいます。前述のように、軍事を司る将軍職だけは「くじ引き」ではなく、市民による投票で選ばれていました。国の衰亡を担う軍事の指導者は、さすがに能力を基準に選ぶしかなかったからです。将軍は選挙で選ばれた人物ですから、市民たちの信頼も厚く、事実上の「大統領」としてポリスの政治を差配しました。

しかしその分、民衆からの嫉妬や批判に晒されやすく、弾劾裁判の標的になる側面がありました。裁判の結果次第では、優秀な将軍が処刑されてしまうこともあったわけで、これほど理不尽な話はないでしょう。

◉——「衆愚政治」の始まり

とくに、卓説した政治指導者としてアネテの絶頂期を演出したペリクレス（前四九五ごろ～前四二九年）の末路には、ひときわ哀愁を感じます。ペリクレス政権下のアテネでは、市民の全体集会である「民会」は年に四〇回開かれ、成年男子であれば誰でも参加や発言ができました。貴族の権限を封印し、民意によって政治を動かすことを徹底させたのです。市民もそんなペリクレスを信頼し、十五年連続で彼を将軍職に選びました。

ところが、スパルタと全ギリシャの覇権をかけて戦ったペロポソネス戦争（前四三一～前四〇四年）が起きると、状況が一変します。戦時中に疫病が流行して多くの市民が死に、ペリクレスに非難の目が向けられるようになります。さらに「公金の不正使用」という罪状で彼を弾劾裁判に掛け、何と死刑を要求したのです。

しかしペリクレスの生涯を調べると、彼は長年、将軍職を独占する立場にありながら、驕ることなく清貧を貫いた人物でした。公金の不正使用云々は、まったくの濡れ衣と考えるべきでしょう。結局、ペリクレスは死刑こそ免れたものの、重い罰金刑を科せられたうえ、最後は流行の疫病に罹って落命してしまいました。彼の無念はいかほどのものであったか。

ペリクレスの死後、アテナの政治を牛耳ったのは、デマゴークと呼ばれる煽動政治家たちでした。彼らの武器は煽動であり、民衆の熱狂的支持を得るために隣国への敵意を煽り、政敵の弱腰をなじるのが常套手段でした。もっとも、移ろいやすい民衆の気分に支えられているだけに政治基盤は脆弱で、すぐに弾劾裁判を起こされて失権します。すると新たなデマゴーグが現れてはまた消える、ということがアテネで繰り返されました。この有り様を指して「衆愚政治」というわけです。

アテネの政治はこうして混乱を極めました。デマゴーグが戦争熱を煽ることで実際に戦いが起こり、膨大な戦費の拠出と人命の損失が続いて国力は疲弊していきます。最後は同じギリシャ人による国でありながら、民主政ではなく王政に基づく中央集権化と軍事強国化を進めた北方のマケドニアの侵攻によって、アテネは独立を奪われてしまうのです。

こうして、古代アテネにおける「人類最初の民主政の試み」は、壮大な失敗に終わりました。

●──現代韓国の似たような事例

アテネの民主政の歴史を通覧して思うことは、民衆の側に理性がなければ政治は正しく機能しない、という真理です。民衆には「熱狂に流されやすい」という欠点があります。そうした民衆の感情を利用することで煽動家が政治権力を握り、支持基盤を固めようとする。たとえ僭主を殺しても、今度はデマゴーグが誕生する。独裁者は民主政から生まれる、という逆説を、ヒトラーのナチス・ドイツ誕生のはるか数千年前、人類はすでに身をもって体験していたことになります。

これとよく似た事例として脳裏に浮かぶのは、韓国の朴槿恵《ぼくきんけい》・前大統領です。朴氏は大統領就任直後、二〇一三年の三・一記念日の演説で、日韓の「加害者と被害者の立場は千年経っても変わらない」という「千年恨（日本を千年恨む）」発言をしました。大衆の反日感情を煽って政権支持率を高めようとする狙いが見え見えで、現代におけるアテネのデマゴーグの手法そのものでした。

二〇一六年十一月、その朴槿恵氏に対し、ソウル中心部で大統領退陣を要求する大規模なデモが起こりました。事の発端は、朴氏の長年の親友である女性実業家・崔《さい》順実《じゅんじつ》氏に〝国家機密〟を漏洩した、という疑惑でした。さらに遡れば二〇一四年四月、セウォル号沈没事件時の「（朴氏が知人に会っていたとされる）空白の七時間」に象徴される対応の不手際も国民の不満につながった、とされます。

崔氏は霊界と交信できる霊媒師の能力があったともいわれますが、言動を見るかぎり、ただの俗物にしか見えません。そんな輩と親しく付き合っていたのは、たしかに一国の大統領として問題でしょう。

とはいえ、国家機密といっても事前に演説の草稿を見せた、という程度の話です。

ソウル中央地方裁判所での朴槿恵氏
（写真提供：AFP＝時事）

それだけであれほど大規模なデモが起きてしまう、韓国の国民の熱狂ぶりを不思議に思います。大統領罷免はやむをえないとしても、その後、逮捕されて長期間、拘束された挙げ句に「懲役二十五年」（ソウル高裁での判決）が与えられた、と聞くと、さすがに溺れる犬を石もて打つ、の異様な感がします。現在、朴氏は健康を害してしばしば病院に搬送されているそうです。せめて静かな晩年を送ることを願うばかりです。

朴槿恵氏に限らず、民主化以降の韓国大統領は政権末期から退任直後に、必ずといってよいほど検察に起訴されて逮捕、収監される悲惨な末路を辿っています。在任中は「庶民の大統領」として慕われていた盧《ろ》武鉉《ぶげん》氏も退任後、親族や側近の収賄が発覚したことで猛烈なバッシングを浴び、自死に至りました。

国民の直接選挙で選ばれる韓国大統領の座は民意に左右されやすく、一様に悲惨な晩年を辿らざるをえない。この点は、民衆の熱狂的支持を受けて権力を握り、最後は同じく民衆の熱狂によって殺される古代ギリシャの僭主の境遇と、どこか似ている気がします。

そして現在の文在寅《ぶんざいいん》大統領は、前の「僭主」を追いやってデマゴーグで民衆を煽る手法を繰り返しています。二〇一八年十月三十一日、韓国最高裁は元徴用工の個人請求権を認めて日本企業に賠償を命じました。国内法が国際条約に優先するという、とんでもない判決です。徴用工に対する請求権問題は昭和四十年の日韓請求権問題で完全に解決されており、我が国としてはとうてい受け入れられません。韓国のメディアも最高裁の判決に喝采を送っています。このような強烈な反日も民衆の熱狂によるものなのです。

●──邪道にそれた国制

最後に、皆さんもご存じの古代ギリシャの哲学者アリストテレスによる古代ギリシャ民主政の評価を紹介しましょう。

アリストテレスは著書『政治学』で、国のあり方を「正しい国制」と「邪道にそれた国制」の二つに分類しました。「正しい国制」とは、公共の福利のために行なわれる政治です。一方、「邪道にそれた国制」とは、民衆の私利私欲のために行なわれる政治のことです。

では、アリストテレスは古代ギリシャの民主政をどちらに分類したのか。正解は、何と「邪道にそれた国制」のほうだったのです。

アリストテレスの判定に一面、納得が行くのは、ギリシャではいかなる善政を敷こうとも、たった一度の失政で、民衆が自らの選んだ政治指導者に対し、いとも簡単に「死刑宣告」を出してしまう仕組みだったからです。

ギリシャの「邪道にそれた国制」の懸念は前述の韓国だけではなく、日本にもあります。私は以前、あるテレビ番組のプロデューサーに「なぜ森友・加計問題ばかりしつこく採り上げるのか」と尋ねたところ、「視聴率が取れるから」と答えたのを聞いて、妙に納得した記憶があります。

要するに、大衆は難しい政治問題について論じるテレビ番組より、権力者が追及されて困っている絵を見たいのです。民衆（デモス）が力で国を支配する（クラティア）民主政において、われわれはいつ何時、アテネのような衆愚政治に陥り、賢明な指導者を追放しないともかぎらない。その結果はいうまでもなく、日本の国力低下につながります。

しかしかといって、現在のところ民主政に代わる良い政治制度が見当たらない以上、さしあたってそれを正しく「道具」として使う方法を見出さなければならない。最終章では、その方法について述べたいと思います。

第十二章

「借り物」から「本物」へと進化するために

◉――そもそも、理性とは何か

前章では「デモクラシー（民主制、民主政）」という言葉の起源が古代ギリシャのデモクラティアにあることを説明しました。「デモクラティア」は、民衆・人民を意味する「デモス」と、権力・支配を意味する「クラティア」を合わせた言葉です。そしてこの「クラティア」という言葉は、力を意味する名詞「クラトス」や、征服や打ち勝つことを意味する動詞「クライテン」から派生した、といわれます。

その意味でデモクラシーとは、まさにデモス（民衆）が王政や貴族政に打ち勝つことで生まれた制度といえるでしょう。尽きることのない権力との闘争こそ、まさに民主政の隠された本質でした。民主政が登場した古代ギリシャにおけるポリスの時代から、デモクラシーの闘争的本質はアメリカ独立戦争、フランス革命を経て現代に至るまで基本的に変わっていない。さらに古代ギリシャにおける市民とは、国防を担う「武装せる市民」のことでした。西洋近代の民主政が革命や戦争の銃火から生まれてきたことも、そう考えれば必然だったのかもしれません。

民主政が持つ暗い側面や病理について、長谷川三千子先生は「一口に言えば、民主主義とは『人間に理性を使わせないシステム』である。そして、そのことが、革命から生まれてきた民主主義の持つ最大の欠陥であり問題なのである」（『民主主義とは何なのか』）と述べています。

先に見たように、階級に関係なく市民に参政権を与えたアテネでは、デモス（民衆）の支持を武器にした独裁者（僭主）が現れ、国政を牛耳るようになりました。そのような僭主たちも、デモスたちのお気に召さなければ追放さるか、殺されてしまう。そして再び新しい僭主が担ぎ上げられる、という歴史を繰り返していました。この混乱は「民衆が民衆を支配する」という民主政につきまとう矛盾から生じた、といえるでしょう。

近代に入ってからも、ドイツの民衆は第一次世界大戦の敗戦の屈辱を晴らす救世主としてヒトラーを崇め、国民の熱狂が第二次世界大戦の惨禍につながりました。人類は懲りずに同じような失敗を繰り返している、という感想を抱きます。アテネやナチス・ドイツの教訓は、啓蒙思想の代表者ルソーが語ったように、民主政に求められるのは理性を正しく使うことである、という点にあります。
　しかし、そもそも、理性とは何でしょうか。われわれは必ずしも、理性の働きを正しく理解しているとはいえません。理性とは、たんに宗教や慣習に囚われない合理的な思考を意味するだけではありません。理性を発揮するうえで求められるのは、何よりもわれわれの態度であり、心構えです。その点について、長谷川先生は次のようにおっしゃっています。
「実は、理性とは大声で語ることの内にあるのではない。本当の理性は『よく聞く』ことの内にある。自己を無にし、空にして、他者の声を聞き、森羅万象の声を聞くこと――これこそが理性のはたらきの基本なのである。そして、そのようにして虚心坦懐に事柄そのものの語る声を聞くことができるとき、正しい判断は、いわば事柄の方からやって来る。それは政治的判断においてであれ、何であれ、およそすべての正しく理性的な判断に共通した構造なのである」（『民主主義とは何なのか』）
　たとえば、大声で互いを罵り合う人間の態度が理性的ではないことはいうまでもありません。しかしその半面、前述したように民主政には闘争的な側面があり、議会において党派間で批判と罵倒の応酬が続くのは、国民にとって見慣れた光景です。ホッブズが説くように、「万人の万人に対する闘争」は人間の本性のなせる業なのかもしれません。

日本での一例を挙げれば、平成二十七年、安全保障関連法案の衆議院特別委員会での採決に際し、野党は審議を拒否しました。衆院本会議の採決でも、同じく野党は退席しました。同法案を端から「戦争法案」と決め付け、議論にいっさい応じる姿勢を見せなかった野党の態度は、はたして理性的といえるでしょうか。

仮に当時、野党の側が与党や国民を納得させるほどの優れた対案を出していたら、審議がいっそう深まり、安保法案に対する日本人の理解もはるかに進んでいたかもしれません。法案はいずれにせよ与党の賛成多数で必ず通るのですから、問題はプロセスです。少数派である野党の側こそ、与党以上に法案を多面的に深く吟味し、建設的な対案を出さなければならない。法案の中身を少しでも改善することで、野党は国民の役に立つことができるし、自分たちの存在をアピールして政権奪取の機会にも繋がるはずです。

一方で与党の側には当然、野党の意見に謙虚に耳を傾ける姿勢が求められます。さしあたり民主政を良き制度と見なすとして、民主主義の価値は国会における議論の内容にこそ表れる、といえるでしょう。

◉——日本政治の基本は「集」の精神

本書で縷々、説明したように「人権」や「主権」は西洋から輸入された概念であり、明治以降に新しくできた「和製漢語」です。しかしそれらに類する概念が以前の日本に皆無だったかというと、事実は異なります。たとえば中学校の社会科教科書『新編 新しいみんなの公民』（育鵬社）は、大日本帝国憲法の制定経緯について次のように記しています。

「古くから大御宝《おおみたから》と称された民を大切にする伝統と、新しく西洋からもたらされた権利思想を調和させ、憲法に取り入れる努力がなされました」

古来、天皇にとって民とは「大御宝」、すなわち最も大切な宝でした。西洋や中国の君主制国家には存在しない、我が国独自の見方といえます。西洋や中国の王、皇帝にとって民とは「私物」にすぎず、人権はまったく考慮されていなかった。だからこそ君主を打倒して主権を奪い、「民衆による民衆の支配を実現せよ」と決起するのが、アメリカ独立戦争やフランス革命をはじめとする西洋の近代民主政のあり方でした。

他方で、本書で何度も述べたとおり、日本では君（天皇）と民が対立した歴史が一度もありません。これはたいへん珍しく、世界の歴史のなかでほとんど唯一といってよい事例でしょう。

では、我が国における君民の非対立という稀有な伝統は何に由来するのか。答えは、神武建国の精神にまで遡ります。

神武天皇の時代は、歴史区分では弥生時代の後期にあたるといわれます。考古学の調査で当時、戦争が起きた痕跡が多く発掘されており、人びとが戦いに明け暮れていたことが窺えます。

その一方で『古事記』と『日本書記』を読むと、神武天皇が九州から大和に東征し、かの地を平定して天皇に即位した、という神武東征の話が記されています。神武天皇はおそらく国家統治にあたり、日本列島の中央に位置する大和が王権樹立にとって最適地だと考えたのでしょう。

第一章で述べたように、日本建国の理念は紀元前六六〇年、初代神武天皇が橿原《かしはら》宮《のみや》（奈良県橿原市）で即位なさった際の詔《みことのり》にある言葉「八紘為宇《はっこういう》」に求められます。天下を一つに纏めて宇《いえ》をなす、という意味であり、まさに日本を一つの家と見立てて、人びとに「日本人は全員、家族のようなものだ。殺し合いはやめて話し合おう」と訴えている。神武天皇は国民がすべからく幸せになるため、「家づくり」の事業として国を建てたのです。

以後、日本では緩やかに国家の統合が進みました。三世紀ごろには三十カ国に分立していた諸国が、四世紀末に一国に統合されていきます。この間、戦争を示す遺跡がほとんど発見されていないことから、平和裏に統合が進んだことが窺えます。

ヨーロッパや中国では、このような例はまず見当たりません。日本のように、戦争を経ずに話し合いで統合した国はきわめて珍しい。

では、なぜ我が国ではこのような平和な統治が可能だったのか。答えは同じく神武建国の精神「八紘為宇」に求められます。歴代天皇は神武天皇の精神に基づき、地域の宗教や文化を尊重し、全国の諸侯の協力を得て国の統合を進めたと考えられます。世界の歴史を見渡しても、日本ほど強権的な「独裁者」が出現しない国はありません。

戦国時代に武力で日本を統一し、江戸幕府を開いた徳川家でさえ、強力なリーダシップを発揮したのは初代将軍・家康ぐらいでしょう。その家康ですら天皇の権威によって将軍となりました。三代・家光の時代になると、老中や若年寄の合議制で国政を決める手法が確立します。特定の人間が独断で国政の進路を決めるのをよしとせず、大事は皆で議論して決めるという知恵でした。日本人が伝統的に重んじるのは、何を措いても「集議の精神」であり、端的にわれわれの国民性を示しています。

興味深いことに『古事記』を読むと、この集議の精神が神代の世から大切にされたことが分かります。たとえば天照大神が自分一人で決断して神勅を下した例は、じつは『古事記』には一つも書かれていない。何か事が起きれば決まって、天《あめ》の安《やす》の河《かわ》の河原に八百万の神が集められて話し合い、得た結論を、最終的に天照大神が詔として発せられるのです。

明治天皇
（写真提供：Roger-Viollet）

いかに優れた指導者でも、一人で物事を決めていると、いずれ重大な過ちを犯します。より多くの人数で議論を重ねることで、より正しい結論を導く――古来、日本人は「集」の精神を政治の基本としてきたのです。

◉――大日本帝国憲法でなされた民主政

さらに興味深いことに、前述した神武建国の精神は明治維新の時代に再び甦ってきます。慶應三年（一八六八）一月三日布告の「王政復古の大号令」には「諸事神武創業ノ始《はじめ》ニ原《もと》ツ」いて「至当《しとう》ノ公儀ヲ竭《つく》」すことが謳われています。神武天皇がお始めになったことに基づいて、正当な議論を尽くしなさい、という意味です。神武建国の精神に立ち返り、その精神を文明開化の精神と融合させることが、明治維新の目標だったのです。

当時の日本人は、ただ闇雲に西洋化を追い掛けたわけではありませんでした。文明開花期の日本は、経済的にも軍事的にも貧弱な小国にすぎなかった。そのなかで大日本帝国憲法の制定は、精神的に明治日本の躍進を支えた支柱の一つでした。憲法とは国家の基本であり、骨格です。他方、各種の法律や政令はいわば肉に相当します。

アジアで初めて成文憲法を作った国はどこでしょうか。日本です。我が国が帝国憲法を成立させることで、世界に「西洋にひけを取らない近代的な法治国家がアジアにある」ということを示したのです。

そして明治二十三年（一八九〇）、帝国憲法下で初の帝国議会が開会しました。日本では明治期からすでに、国民に選挙で選ばれた議員が議会で議論し、法律を作る民主政を実現していたのですが、戦後の教育ではなぜかこの事実があまり強調されていません。

帝国憲法は明治天皇が制定した欽定憲法ですが、もちろん自身で書いたものではありません。立案の中心となったのは初代総理大臣・伊藤博文《いとうひろぶみ》です。伊藤が憲法調査のためにヨーロッパに赴いたのは、明治十五年三月のことです。それから枢密院での審議を経て帝国憲法が制定される明治二十二年二月まで、八年もの歳月をかけて憲法の内容に修正と吟味を加えたことになります。

じつはこのように長期の審議や推敲を経て制定された憲法は、世界でも稀です。フランス憲法や合衆国憲（そして戦後の日本国憲法）がごく短期間で書き上げられたのとは対照的に、帝国憲法はじっくり時間をかけて、日本の国柄に合ったものとして制定されました。

また帝国憲法の条文を見ても、当時の列国の憲法と比べて取り立てて遅れた側面は見当たりません。たとえば帝国憲法の「天皇ハ神聖ニシテ侵スヘカラス」（第三条）について、しばしば「天皇の神性を強調するもの」と理解されがちです。

しかし、当時の憲法学の通説から見ても、この条文はむしろ天皇が民の政治に影響を及ぼすことを禁じるものとして運用されていました。「天皇は政治的な意思決定に関与してはならない」と直裁に書くのは憚《はばか》られたので、このような表現を取ったと考えられます。

帝国憲法に従えば、天皇が立法府や行政府から離れて独自に政治に介入する余地はありませんでした。憲法の観点からも、戦前の日本では議会政治に基づく民主政が確立していた、と見るべきなのです。

◉――自分のことは後回しにし、まず仲間のために働く

結論をいえば、西洋の「デモクラシー」は言葉の原義を見ても実際に辿った歴史を見ても、きわめて闘争的な概念であるといえます。古来、話し合いと和を重んじる日本人にとっては若干、似つかわしくない気がしてなりません。

誤解を避けるために申し上げれば、私は何も民主主義自体を否定しているのではありません。そうではなく、仮にフランスやアメリカの民主主義の歴史が、彼らの信じる神なくして発展しなかったのだとすれば、西洋とまったく異なる文化に存する日本に民主主義の独自の理解の仕方があるのは当然だ、と述べたいのです。

民主主義は人類普遍の原理だから無条件に信奉せよ、といわれても、そう簡単に首《しゅ》肯《こう》することはできません。にもかかわらず、戦後の日本人は歴史や国民性という大前提を考慮せず、「西洋型民主主義」を単純に受け入れてしまった。この点にわれわれの教育の杜撰《ずさん》さ、思想的な迂闊《うかつ》さがあったのだと思います。

では、日本人は何をもって民主主義の理解の範とすべきか。それは古来われわれが大切してきたものを思い浮かべれば、おのずと分かるはずです。

そう、答えは「和」です。

和という言葉は、争いをやめて皆の幸せのために国を建てるという前述の「神武建国の精神」を一字で表したものです。事実、日本国は現在でも和の力によって成立しています。

「和の精神」を端的に表現すれば、「調和を重んじる価値観」といえます。そしてここには公共心を重んじることが含まれます。一言でいうなら「自分のことは後回しにして皆のために行動する精神」です。「和の精神」においては奪いあうのではなく分けあうことが大切とされます。

想像してみてください。一億二〇〇〇万の日本人すべてが家族の一人として、国家の一員として何ができるかを己に問いかけ、行動したとしたら、信じられないほど素晴らしい力が発揮されるはずです。

和によって統合された集団は、個人の利害や権利を追求するだけの集合体の次元をはるかに超える。それが「和」の力なのです。

◉——聖徳太子「十七条憲法」の現代性

さらに「和」の概念が大切なのは、それが人間を最も豊かに、幸せにする考え方だからです。国民が私事を措いて隣人のために行動し、政治家は自分の身命を惜しまず、真っ先に国民のことを考える。この順番が大切です。国家の繁栄が先で、国民の幸福が後なのではない。あくまでも国民の幸せが第一なのです。民が富めば必ず国が栄える。

「和の国」というのは、一人ひとりの個性が尊重され、国民が自由に暮らし、なおかつ全体の統率が取れている国のことです。

これはなかなか実現が難しく、アメリカのように「一人ひとりの個性を尊重」して「自由が第一」を追求すると、皆が個人主義に傾いてばらばらの方向を向いてしまう。かといって「全体の統率が第一」を追い求めると、北朝鮮のように「右向け右」を強制する恐怖政治に陥ってしまう。国民の統率は取れるかもしれませんが、自由な空気はないし、何よりも国民の活力が生まれない。民に活力がない国は、国家の活力も失われます。

一人ひとりが自由に振る舞い、なおかつ全体として統率が取れている。この相反する二つを両立するという世界的にも希なことを実現してきたのが、日本の強さなのです。普段、われわれは「和」の力を意識しないかもしれませんが、東日本大震災のように突発的な国難に見舞われた際は、必ず「和」の力が発揮されます。そこには世界をも感動させる力があるのです。

いうまでもなく「和」とは、推古十二年（六〇四）に聖徳太子が制定した日本最古の成文法「十七条憲法」第一条にある言葉です。以下、条文を引用してみましょう。

「和をもって貴《とうと》しとし、忤《さから》うことなきを宗《むね》とせよ。人みな党《たむら》有り。また達《さと》れる者少なし。ここをもって、あるいは君父に順はず。また隣里に違う。しかれども、上和《かみやわら》ぎ、下睦《しもむつ》びて、事を、論《あげつら》うに諧《かな》うときは、事理《じり》おのずから通ず。何事か成らざらん」

〈現代語訳：おたがいの心が和らいで協力することが貴いのであって、むやみに反抗することのないようにせよ。それが根本的態度でなければならぬ。ところが人にはそれぞれ党派心があり、大局を見通している者は少ない。だから主君や父に従わず、あるいは近隣の人びとと争いを起こすようになる。しかしながら、人びとが上も下も和らぎ睦まじく話し合いができるならば、ことがらはおのずから道理にかない、何ごとも成しとげられないことはない〉〈聖徳太子『法華（抄）十七条憲法』中公クラシックス〉

十七条憲法は、党派を作って言い争うという人間の習性を厳しく戒めています。協調の精神で議論することの大切さを説いているのですが、まさに現代のわれわれが範とすべき「民主主義の第一原則」といえるでしょう。

また、同憲法の最終条である第十七条には「なぜ政治は民主主義がよいのか」が説かれていて、たいへん興味深い。

「それ事はひとり断むべからず。かならず衆とともに論うべし。少事はこれ軽し。かならずしも衆とすべからず。ただ大事を論うに逮びては、もしは失あらんことを疑う。ゆえに衆と相弁うるときは、辞すなわち理を得ん」

（現代語訳：重大なことがらはひとりで決定してはならない。かならず多くの人びととともに議論すべきである。小さなことがらは大したことはないからかならずしも多くの人びとに相談する要はない。ただ重大なことがらを論議するにあたっては、あるいはもし過失がありはしないかという疑いがある。だから多くの人びととともに論じ是非を弁えてゆくならば、そのことがらが道理にかなうようになるのである）〈同前〉

ここでは皆で議論すること、つまり衆議の大切さを説いています。まさに民主制（民主政）を重んじる民主主義の精神そのもの、といってよいでしょう。もちろん、聖徳太子の時代に現代のような議会はありません。しかし十七条憲法の条文は民主主義の要点を突いており、日本人が伝統としていかに「和」や「衆議」を大切にしてきたかを示す証拠にほかならないのです。

ではそもそも、なぜ皆で議論するとよりよい結論が得られるのか。その理由について、長谷川三千子先生は「三人寄れば文殊の知恵」という言葉を引いて次のように述べていらっしゃいます。

「このようなことが可能となるためには、三人が三人とも、虚心に相手の言葉に耳と心を開く、という態度を取ることが不可欠である。そして、各人が、自信をもって自説を正確に述べつつも、決して自説に固執せず、常にそれを他人の目で眺められるようでなければならない。そういう心構えで三人の人間が議論をつくせば、互いの言葉が互いのアンテナにキャッチされて、一人で考えていたときは思いも寄らなかった優れた斬新なアイディアが浮んでくることにもなる」(『民主主義とは何なのか』)

世間には、議論は「相手をやり込めるもの」と考える人が多いですが、それは理性的な態度とはいえません。たとえばA案、B案、C案の三人の案があったとします。議論を深めることで、一人では決して思いつかなかったD案が新たに生まれたとしたら、それこそが議論の成果です。「三人寄れば文殊の知恵」こそ、まさしく社会を築く人間の理性的な態度ではないでしょうか。

◉——理性の限界と「和の精神」

本書はこれまで、熱狂（感情）より理性を重んじなければならないと述べてきました。たしかに「万人の万人による闘争」を脱するためには理性が不可欠です。しかし、理性だけでは民主主義は正しく機能しません。理性とは、人間に備わっているとされる知的能力のことです。理性主義は理性を過剰に評価するところに欠陥があると私は思います。なぜなら、人間は神ではないからです。神ならぬ人間は不完全であるがゆえに、その不完全な人間がいくら理性を働かせても間違うことがあります。

「民衆が思ったことはつねに正しい」と言い切ったシエイエスは、理性により辿り着いた革命理論を宣伝し、それを民衆が熱狂的に支持しました。そして社会を短期間のうちに大変革させてしまったのです。理性と感情が結びついても、その理性が誤った方向を指していたら、民衆は誤った所に導かれてしまいます。かつて社会主義者たちが思い描いたユートピア思想が単なる理想にすぎず、実現不可能であったことも理性主義の限界を示すものではないでしょうか。

そこで理性主義を補完する要素となるのが、調和を重んじる「和の精神」なのです。和の精神の前提は保守主義です。保守主義は、人間は不完全である点を重く捉えます。人間は不完全であるがゆえに、より多くの人の目によるチェックを経ることで、過ちを炙り出し、よりよい結論を得ようとします。しかし、異なる意見を持つ人たちが話し合いをして結論を得るのは簡単なことではありません。それでも、葛藤しながらも粘り強く議論を重ねて合意を形成することを大切にします。ゆえに、保守主義においては単一のイデオロギーに基づく民衆の熱狂を嫌うのです。我が国が太古の昔から話し合うことを重視してきたのは、人間の不完全性を直視してきたからなのです。

また保守主義は話し合うことだけではなく、伝統を尊重します。伝統というと古臭く無価値なものと見る人も多いでしょう。しかし、伝統とは、歴史のなかで取捨選択を繰り返してもなお人々によって守られてきたものであり、長い間風雪に耐えながら蓄積されてきた叡智の結晶といえるのです。人間の不完全さを直視すればこそ、伝統を重んじることになるのです。そのような価値観を持つ保守主義においては、革命のような急進的な社会変革を嫌います。

一般的には、理性主義と保守主義は対極にあると言われますが、両者は相反する概念ではないと私は思うのです。熱狂を嫌い理性を尊ぶのは賢明なことですが、その理性にも限界があることを知れば、より高い次元に上ることができるのです。つまり、理性主義に「和の精神」を加味すると保守主義になります。

そして、保守主義は理性主義より高い次元の民主主義を実現する力を持っていると私は考えています。民主主義を正しく機能させるためには、理性を重んじつつも、人間の知性の限界を知るがゆえに、謙虚な気持ちで大勢の人たちと議論を重ねて合意を形成し、先人たちの積み上げてきた伝統という名の叡智を大切にする態度が求められるのです。民衆がこのような価値観を共有したとき、理想的な民主主義の国ができあがります。民主主義を成功させる鍵は「和の精神」であり、私たち日本人は、世界でもっとも民主主義を上手に使いこなせる潜在的可能性を秘めていると結論することができます。

もうお気づきの人が多いと思いますが、長谷川三千子先生がおっしゃる「理性」という言葉は、すでに「和の精神」を含んだ意味で使っていらっしゃいます。保守主義によって用いられる「理性」とは、そのような意味でなくてはならないでしょう。

本書も、いよいよ終わりが近付きました。人権も主権も、もともと日本になかった概念であり、西洋から輸入されたものである、と繰り返し述べてきました。しかしいかなる社会的概念や政治制度も、その国の歴史や伝統、慣習の上に立脚したものでなければ成り立ちません。

神の存在に紐付けられた西洋の人権や主権の概念は、結局のところわれわれ日本人には分からないものなのかもしれません。その納得しづらい概念に依拠し続けるうちは、日本の民主主義はいつまで経っても「正しい道具」として機能せず、「仏作って魂入れず」の状態になってしまいます。

しかし古来、日本には天皇の大御心のもとで国民が「和」の精神を第一に、各人が国の発展に尽くしてきた歴史があります。再びわれわれが和の精神に目覚めて力を結集させるとき、日本の民主主義は「借り物」から「本物」へと進化するはずです。

日本に元々あった日本型民主主義は「和の精神」に立脚したものでした。維新と大戦終結の時期に西洋型民主主義が導入されましたが、理性を過信するところや、闘争的であるところを除けば、得られるものも大きいはずです。日本型民主主義と西洋型民主主義が出会ったことは、日本人にとっても人類にとっても大きな意味があることだと私は思います。

次の一文は慶応四年（一八六八）に明治天皇がお示しになった「五箇条の御誓文」の冒頭に記されています。明治人の魂が残した言葉を、本書の締め括りとして掲げたいと思います。

「広ク会議ヲ興シ　万機公論ニ決スベシ」

初出：『Ｖｏｉｃｅ』二〇一八年六月号〜七月号、九月号〜二〇一九年四月号
（第十一章と第十二章は書き下ろし）

PHP新書

PHP INTERFACE
https://www.php.co.jp/

竹田恒泰［たけだ・つねやす］

昭和50年(1975)、旧皇族・竹田家に生まれる。明治天皇の玄孫に当たる。慶應義塾大学法学部法律学科卒業。専門は憲法学・史学。作家。

平成18年(2006)に著書『語られなかった皇族たちの真実』(小学館)で第15回山本七平賞を受賞。著書はほかに『日本はなぜ世界でいちばん人気があるのか』『日本人はなぜ日本のことを知らないのか』『日本人はいつ日本が好きになったのか』『日本人が一生使える勉強法』『アメリカの戦争責任』『天皇は本当にただの象徴に堕ちたのか』(以上、ＰＨＰ新書)、『現代語古事記』(学研パブリッシング)など多数ある。

日本の民主主義はなぜ世界一長く続いているのか

PHP新書 1181

二〇一九年三月二十九日 第一版第一刷

著者——竹田恒泰
発行者——後藤淳一
発行所——株式会社PHP研究所
東京本部——〒135-8137 江東区豊洲5-6-52
第一制作部PHP新書課 ☎03-3520-9615(編集)
普及部 ☎03-3520-9630(販売)
京都本部——〒601-8411 京都市南区西九条北ノ内町11
組版——朝日メディアインターナショナル株式会社
装幀者——芦澤泰偉+児崎雅淑
印刷所
製本所——図書印刷株式会社

ISBN978-4-569-84256-1

PHP新書刊行にあたって

「繁栄を通じて平和と幸福を」(PEACE and HAPPINESS through PROSPERITY)の願いのもと、PHP研究所が創設されて今年で五十周年を迎えます。その歩みは、日本人が先の戦争を乗り越え、並々ならぬ努力を続けて、今日の繁栄を築き上げてきた軌跡に重なります。

しかし、平和で豊かな生活を手にした現在、多くの日本人は、自分が何のために生きているのか、どのように生きていきたいのかを、見失いつつあるように思われます。そして、その間にも、日本国内や世界のみならず地球規模での大きな変化が日々生起し、解決すべき問題となって私たちのもとに押し寄せてきます。

このような時代に人生の確かな価値を見出し、生きる喜びに満ちあふれた社会を実現するために、いま何が求められているのでしょうか。それは、先達が培ってきた知恵を紡ぎ直すこと、その上で自分たち一人一人がおかれた現実と進むべき未来について丹念に考えていくこと以外にはありません。

その営みは、単なる知識に終わらない深い思索へ、そしてよく生きるための哲学への旅でもあります。弊所が創設五十周年を迎えましたのを機に、PHP新書を創刊し、この新たな旅を読者と共に歩んでいきたいと思っています。多くの読者の共感と支援を心よりお願いいたします。

一九九六年十月

PHP研究所

PHP文庫

日本がもっと好きになる神道と仏教の話

竹田恒泰／塩沼亮潤 著

神道に精通した旧皇族。仏教の極意を知る大阿闍梨。神道と仏教とで立場の異なる二人が、「日本の伝統精神」について語らった白熱の対論。

定価 本体六二〇円（税別）

PHP文庫

日本人の原点がわかる「国体」の授業

竹田恒泰　著

日本国のかたちを守り続けるために一番大切なことは何か？　日本人として知っておきたい天皇、憲法、歴史についての特別講義。

定価　本体六〇〇円（税別）